A construção da teoria nas ciências humanas

Dados Internacionais de Catalogação na Publicação (CIP)
(Câmara Brasileira do Livro, SP, Brasil)

Barros, José D'Assunção
   A construção da teoria nas ciências humanas / José D'Assunção Barros. – Petrópolis, RJ : Vozes, 2018.

   Bibliografia.

   ISBN 978-85-326-5651-3

   1. Argumentação 2. Ciências humanas 3. Conceitos 4. Pesquisa – Metodologia 5. Teoria I. Título.

17-10390   CDD-001.3

Índices para catálogo sistemático:

1. Ciências humanas   001.3

JOSÉ D'ASSUNÇÃO BARROS

A construção da teoria nas ciências humanas

Petrópolis

© 2018, Editora Vozes Ltda.
Rua Frei Luís, 100
25689-900 Petrópolis, RJ
www.vozes.com.br
Brasil

Todos os direitos reservados. Nenhuma parte desta obra poderá ser reproduzida ou transmitida por qualquer forma e/ou quaisquer meios (eletrônico ou mecânico, incluindo fotocópia e gravação) ou arquivada em qualquer sistema ou banco de dados sem permissão escrita da editora.

CONSELHO EDITORIAL

Diretor
Gilberto Gonçalves Garcia

Editores
Aline dos Santos Carneiro
Edrian Josué Pasini
Marilac Loraine Oleniki
Welder Lancieri Marchini

Conselheiros
Francisco Morás
Ludovico Garmus
Teobaldo Heidemann
Volney J. Berkenbrock

Secretário executivo
João Batista Kreuch

Editoração: Fernando Sergio Olivetti da Rocha
Diagramação: Sheilandre Desenv. Gráfico
Revisão gráfica: Nilton Braz da Rocha
Capa: SGDesign

ISBN 978-85-326-5651-3

Editado conforme o novo acordo ortográfico.

Este livro foi composto e impresso pela Editora Vozes Ltda.

Sumário

1. Limites da liberdade teórica: entre a incoerência e a paralisia, 7
2. A ilusão da coerência absoluta, 11
3. A fobia da incompatibilidade, 19
4. O fetiche do autor, 27
5. A demonização de autores, 33
6. O temor às consequências adversas, 41
7. A estagnação discursiva, 45
8. Anacronismo e fobia do anacronismo, 51
9. Rigidez nas fronteiras interdisciplinares, 61
10. Encastelamento teórico: engessamento da teoria em doutrina, 63
11. Historiadores à venda: teorias que têm seu preço, 77
12. A teoria *não* é a realidade, 81
13. A fobia do erro, 85

Referências, 87

Índice remissivo, 97

Índice onomástico, 99

1

Limites da liberdade teórica: entre a incoerência e a paralisia[1]

Qualquer campo disciplinar necessariamente apresenta uma dimensão teórica – uma instância na qual começam a se constituir e a se consolidar os conceitos que serão operacionalizados pelo campo de saber; um ambiente, por assim dizer, no qual se gesta e se atualiza um vocabulário menos ou mais especializado que será comum aos praticantes; e um espaço no qual passarão a transitar os paradigmas aceitos pelo campo, as correntes teóricas de aplicação mais geral para o campo e aquelas voltadas para uma reflexão mais específica acerca dos processos e objetos de

---

1. Parte das reflexões desenvolvidas neste pequeno livro foram desdobradas do último capítulo do primeiro volume da série *Teoria da História*, publicado pelo autor pela Editora Vozes (BARROS, 2011, p. 222-272).

estudo de interesse da disciplina em questão. A teoria é aqui o repertório de "modos de ver" que se disponibiliza ao praticante de um campo, antes mesmo que ele possa lançar mão de um igualmente importante repertório de "modos de fazer" que corresponde à metodologia.

As relações entre o campo disciplinar e a sua dimensão teórica – imersas no contexto intelectual e social produzido pelos praticantes do campo – não são, todavia, isentas de tensões. Constituir um ambiente teórico para uma certa pesquisa envolve escolhas, disputas territoriais, inscrições em redes formadas por aqueles que já partilharam ideias similares, ajustes a questões concretas e efetivas que dizem respeito não apenas ao meio acadêmico como também à sociedade como um todo, às tendências culturais predominantes, às próprias circunstâncias políticas.

Neste pequeno livro, refletiremos acerca destas tensões que podem ser produzidas entre a teoria e um campo de saber, e, sobretudo, acerca dos problemas que estão envolvidos na escolha de um quadro teórico pelo praticante do campo disciplinar, que se vê constantemente recolocado diante do desafio de adequar às tendências disponíveis a sua própria "liberdade teórica". O nosso espaço de reflexão corresponderá ao universo das ciências humanas – tais como a História, a Antropologia, a Sociologia –, pois este é ainda mais rico de tensões que parecem afetar a liberdade teórica do que as disciplinas ligadas ao universo das ciências naturais e exatas (as quais, obviamente, também não estão isentas de tensões que se produzem no confronto entre conhecimento, tecnologia e sociedade).

2

A ilusão da coerência absoluta

Partamos de algumas provocantes indagações iniciais. Será necessário ao pesquisador escolher um só paradigma, ou um sistema teórico único, depurado de quaisquer contribuições que não partam senão do interior deste sistema já consolidado?[2] Há autores in-

---

2. Texto clássico para a definição de "paradigma", ainda que mais voltado para as ciências exatas e naturais, é o livro *A estrutura das revoluções científicas* (1962), de Thomas Kuhn (1922-1996). Nele, o autor define o que seria um "paradigma" como um "conjunto de crenças, valores e técnicas comuns a um grupo que pratica um mesmo tipo de conhecimento". Kuhn priorizava em sua análise as ciências exatas e naturais, e por vezes se refere ao paradigma como uma espécie de macroteoria, marco ou perspectiva que se aceita de forma geral por toda a "comunidade científica" relacionada a determinado campo de saber (p. ex., a Física, a Química ou a Astronomia). A análise funciona particularmente bem para o caso de boa parte da história da Física – que apresentou um grande paradigma dominante desde Newton e até a emergência de novos paradig-

compatíveis uns com os outros, bem como conceitos que não podem ser misturados entre si sob hipótese alguma? Existem "autores sagrados", cuja contribuição é inquestionável e definitiva? Enquanto isso, ao inverso, existem "autores malditos", que já não podem mais ser recuperados, e que devem ser condenados por todo o sempre ao inferno do ostracismo teórico? Devem as teorias apresentar certo nível de permeabilidade, de modo a interagir com o seu exterior, ou, ao contrário, deverão blindar seus cascos como navios que se preparam para singrar mares perigosos.

Vamos refletir, inicialmente, sobre a primeira pergunta: aquela que indaga sobre a necessidade ou não de se adotar um paradigma único, concebido sob a perspectiva de uma "coerência absoluta" e, até mesmo,

---

mas no século XX – ou para a Astronomia, a Química, e outros campos. Contudo, como o próprio Kuhn admite em texto posterior (2006, p. 265-273), o conceito precisa ser redefinido quando aplicável às ciências humanas, as quais tendem a ser multiparadigmáticas – i. é, partilhadas simultaneamente por diversos paradigmas teóricos. Por isso Thomas Kuhn criou depois o conceito de "Matriz Disciplinar" (1969), que poderia corresponder a este universo mais amplo de preceitos que é aceito de maneira geral pelos praticantes de um campo, e os paradigmas podem se apresentar como alternativas no interior desta mesma matriz. Esta última proposta se adapta particularmente bem ao âmbito das ciências humanas.

devotada a uma espécie de "purismo das origens". Colocada a questão de outra forma, podemos nos perguntar, ainda, sobre até que ponto um "autor-fundador" de determinada corrente teórica tem poderes ou direitos absolutos sobre a perspectiva teórica que se originou de suas reflexões sistematizadas. De igual maneira, e na mesma linha de reflexões, mas já apelando para uma tonalidade mais irônica, alguém também poderia indagar se todo autor-fundador deve ser elevado a objeto de culto, ou se determinados sistemas teóricos devem permanecer preservados em sua "pureza original", tombados como "patrimônios teóricos" que não convém sequer retocar.

Até a penúltima década do século XX ainda predominava em muitos dos meios acadêmicos e instituições de pesquisa, particularmente na área das ciências humanas, a ambição de construir grandes sistemas capazes de darem conta de tudo, bem como de fornecerem todas as respostas às diversas questões surgidas no campo disciplinar em questão – fosse este a História, a Sociologia, a Antropologia, a Geografia ou a Psicologia. Também não era raro que os pesquisadores e pensadores que haviam escolhido este ou aquele paradigma hostilizassem (mesmo que amistosamente), ou pelo menos se afastassem peremptoriamente, de outros que haviam escolhido ou mesmo apenas dialogavam com "paradigmas rivais".

A crise dos grandes sistemas explicativos, dos grandes esquemas que resolviam tudo no mundo abstrato das ideias – mas que, ao contato com as situações sociais concretas ou com as realidades históricas trazidas pelas fontes, mostravam suas insuficiências – acabou por trazer ao âmbito das ciências sociais e humanas uma certa liberdade teórica que, a nosso ver, tem sido de alguma maneira benéfica para a reflexão sociológica, geográfica, antropológica, psicológica, linguística e historiográfica. Se algumas vertentes pós-modernistas forneceram uma alternativa pessimista e por vezes paralisante à crise dos grandes paradigmas[3], por outro lado também existiram respostas criativas que se empenharam em renovar os diversos campos de saber no âmbito das ciências humanas e da historiografia em particular.

---

3. O notório debate sobre *A condição pós-moderna*, introduzido pelo filósofo pós-estruturalista francês Jean-François Lyotard (1979), através de um livro logo criticado por Fredric Jameson (1984) e outros autores marxistas como David Harvey (1989), Alex Callinicos (1991), Terry Eagleton (1996) e Perry Anderson (1998), insere-se diretamente nesse quadro de tensões e reflexões sobre a Crise dos Paradigmas.

O filósofo austríaco Paul Feyerabend (1924-1994), em um instigante livro que traz o título de *Contra o método* (1975), afirma a certa altura de suas reflexões que "nenhuma teoria está em concordância com todos os fatos do seu domínio" (FEYERABEND, 1989, p. 79). Libertar-se de exigências de "coerência absoluta" em relação a um sistema teórico fechado pode ser um bom conselho para evitar estagnações e para assegurar uma maior riqueza de recursos. É também o que já postulava o epistemólogo francês Gastón Bachelard (1884-1962), que, embora rejeitando a ideia de um "ecletismo de fins", não hesita em considerar um certo "ecletismo de meios".

> Aos filósofos nós reclamaremos do direito de nos servir de elementos filosóficos separados dos sistemas em que tiveram origem (BACHELARD, 1940, p. 10).

Conhecer os grandes paradigmas teóricos que se disponibilizam para o trabalho sociológico ou historiográfico é fundamental para a formação do cientista social ou do historiador. Aderir integralmente a um destes paradigmas, a tudo o que até hoje disseram os maiores autores ligados ao paradigma escolhido, pode não ser igualmente salutar. Uma boa recomendação parece ser a de que só se deve aderir a todos os elementos de um determinado paradigma, ou, mais restritamente ainda, a uma determinada subcorrente teórica no interior deste paradigma, se o pesquisador sente-se inteiramente à vontade com o seu tema no ambiente teórico proporcionado por esta sua escolha. Aceitar imposições cegamente é via de regra contraproducente e limitador, mormente quando acabamos de definir "teoria" como um "modo de ver as coisas". Encarar a teoria como doutrina ou dogma, recusar-se a aceitar aportes interessantes que tenham sido originados em outros campos teóricos, rejeitar o contato ou o diálogo com autores que se acredita serem incompatíveis com o "modo de ver" que se escolheu definitivamente e por todo o sempre é algo equivalente a aceitar uma viseira definitiva: a lente que substituirá o verdadeiro olho do pesquisador – este que deveria sempre se conservar como um olho humano e aberto ao desafio de explorar novas paisagens – e que corre o risco de se converter, com a estagnação teórica, em "olho de vidro", inerte e já sem função recriadora. Uma coisa é enxergar o mundo a partir destas "lentes" que são as teorias, cada qual permitindo uma perspectiva diferenciada e colorizando o mundo de uma nova maneira; outra coisa é enxergar (não enxergar) o mundo através de um "olho de vidro", colado definitivamente ao rosto para disfarçar a verdadeira ausência de visão. Em casos como este, a "teoria" pode contribuir mais para "cegar" do que para abrir a mente em direção a "novos modos de ver as coisas"[4].

---

4. Esse fetiche teorizante, ao qual estamos nos referindo como uma "adesão burocrática à total coerência de um sistema preestabelecido", corresponde àquilo que, em sua obra *O método* (1991), Edgar Morin destacou como uma "disposição do sistema a fechar-se em sua armadura lógica, que assim se torna racionalizadora". Logo adiante, continua o filósofo francês com as seguintes palavras: "Racionalidade e racionalização têm o mesmo tronco comum: a busca de coerência. Mas, enquanto a racionalidade está aberta ao que resiste à lógica e mantém o diálogo com o real, a racionalização integra à força o real na lógica do sistema e crê então possuí-lo" (MORIN, 1998, p. 171).

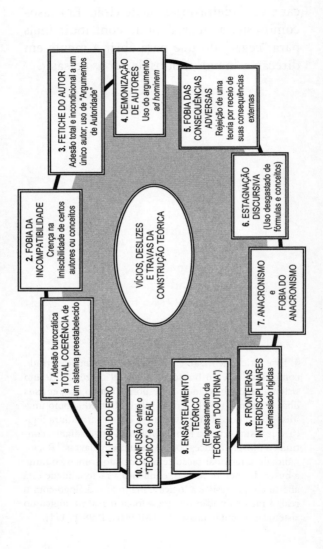

3

A fobia da incompatibilidade

No quadro acima, reunimos em um esquema visual – para além da anteriormente discutida "adesão burocrática à total coerência de um sistema" (**1**) – outras travas muito habituais ao livre-fluir da construção teórica. Trata-se de um certo complexo de "fobias", "fetiches" e "deformações" contra os quais o pensador e pesquisador deve se prevenir, uma vez que, no limite, obliteram irreparavelmente o pensamento teórico conduzindo-o a bloqueios, paralisias, empobrecimentos, perdas de oportunidades de avançar e diversificar a elaboração de conhecimento.

Vamos chamar ao segundo aspecto que gostaríamos de examinar, considerando-o como uma das travas que têm se mostrado mais frequentes como impedimentos à livre-invenção teórica, de "fobia da incompatibilidade" (**2**). Este item refere-se tanto à irredutível rejeição de misturar certos autores, tidos por incompatíveis, como à recusa ferrenha de combinar certos conceitos, ou mesmo elementos oriundos de sistemas teóricos distintos. A nossa experiência com relação à ideia de "imiscibilidade de certos autores entre si"[5], muito difundida em alguns setores dos meios acadêmicos, é que, na verdade, não existe essa pretensa situação de incompatibilidade entre certos autores para *todas* as situações.

O que torna compatível certa conexão de autores – assim como o que permite uma determinada conexão de "campos históricos" – é o seu objeto de estudo específico, é o uso que você fará de cada um desses autores diante desses objetos, é o que você tomará de cada um deles. Foucault não é "incompatível com o materialismo histórico". O que se pode dizer é que um certo uso de Foucault pode se tornar incompatível com um certo uso de determinado autor marxista, diante de determinado objeto histórico e de certos encaminhamentos metodológicos. O que estou usando de Foucault, o que estou utilizando do materialismo histórico, como esta combinação pode ser empregada para o meu objeto histórico? Este objeto solicita esta combinação, ou a rejeita? Oferece-me uma escolha? Questões como estas devem ser feitas diante de um quadro

---

5. "Imiscibilidade" = impossibilidade de misturar duas coisas.

teórico. Combinar "visões de mundo" (i. é, "teorias") pode perfeitamente abrir espaço para novas "visões de mundo". Ou não.

É importante se ter em vista que um determinado sistema austero, reconhecido pela comunidade historiadora por ter mostrado eficácia para a análise de certos objetos e questões propostas, pode se mostrar totalmente inadequado para outro objeto histórico, distinto dos que até então justificaram a adoção do sistema proposto. Forçar certo sistema a ajustar ou enquadrar a todo custo um objeto pode contribuir para deformá-lo efetivamente.

Não há regras[6]. Há escolhas. E as escolhas devem ser feitas diante do objeto de estudo, seja as que se referem à teoria ou ao método. Abrir-se à novidade, de todo modo, é sempre uma excelente postura. É adequado, também, considerar a possibilidade da invenção conceitual, ou de uma nova utilização de conceitos já existentes para produzir algo novo. Quando examinamos o contexto de formação do campo paradigmático que mais tarde ficaria conhecido como materialismo histórico, podemos ver que Karl Marx (1818-1883) soube reutilizar de uma nova maneira, para

---

6. "Não há uma só regra que seja válida em todas as circunstâncias, nem uma instância a que se possa apelar em todas as situações" (FEYERABEND, 1989, p. 279).

viabilizar a constituição de um novo paradigma para o estudo das sociedades humanas, uma série de conceitos que já existiam em campos teóricos bem diferenciados, alguns até antagônicos.

Karl Marx extraiu a perspectiva da "dialética" do idealismo hegeliano, que já a apresentava como um princípio fundamental para a análise do mundo natural e histórico. O fundador do materialismo histórico combinou-o, entrementes, com um "materialismo" que era estranho ao hegelianismo, e que já existia, por outro lado, no âmbito de reflexões produzidas por outros autores – desde Ludwig Feuerbach (1804-1872) até os materialistas franceses do período iluminista, que o precederam. Longe de parar por aí em sua admirável construção teórica, Marx reutilizou, para uma nova finalidade, um conceito de "luta de classes" que já vinha sendo utilizado por historiadores franceses da Restauração, tais como François Guizot (1787-1874) ou Augustine Thierry (1795-1856). A ideologia, a práxis, tampouco foram conceitos inventados por Marx. O primeiro remetia a uma discussão inicial introduzida pelo filósofo e político francês Destutt de Tracy (1754-1836), que havia publicado um livro intitulado *Elementos de ideologia* (1801)[7]. O conceito de práxis vinha dos gregos antigos, a começar pelos desenvolvimentos que lhe dera Aristóteles[8]. Também o conceito de alienação – que Marx utiliza para diversos âmbitos da vida humana, mas sobretudo para finalmente examinar a alienação do trabalhador no interior do modo de produção capitalista – Marx o havia buscado no próprio Hegel (1770-1831), e também em Feuerbach (1804-1872), autores que utilizam o conceito com sentidos e direcionamentos distintos[9]. A perspectiva socialista já possuía uma história pregressa que remetia a certos grupos revolucionários do período da Revolução Fran-

---

7. Nessa obra, Destutt de Tracy utiliza o termo "ideologia" como uma expressão genérica, relativa a um novo campo de conhecimentos que desejava fundar sob a designação de "ciência das ideias". O sentido que Marx lhe emprestaria seria outro.

8. P. ex., na distinção entre *praxis* e *poiesis* desenvolvida nos cap. 4 e 5 do Livro VI de *Ética a Nicômaco*.

9. Ludwig Feuerbach, p. ex., aplicou a ideia de alienação à análise mais específica da questão religiosa, argumentando que a "alienação religiosa" era a mãe de todas as alienações e que, "ao criar Deus e projetar um ser idealizado no céu", o homem havia se alienado de si mesmo. Marx, tanto nos *Manuscritos econômico-filosóficos* de 1844 como em obras posteriores mais voltadas para a alienação no seio da produção capitalista, expandiu o conceito para novas direções. Sobre isto, cf. Barros, 2011b, p. 223-245.

cesa, e que seguira adiante, com novas cores, pelos processos de luta encaminhados por outros revolucionários como Louis Auguste Blanqui (1805-1881) ou através dos sistemas de pensamento de socialistas utópicos como Fourier, Robert Owen e Saint-Simon[10]. De Adam Smith (1723-1790) vinha a meticulosa abordagem da história a partir das transformações dos sistemas de economia, tecnologia e trabalho que logo Marx e Engels chamariam de "modos de produção"[11].

Todos estes princípios e conceitos – dialética, materialismo, historicidade radical, luta de classes, modos de produção, ideologia, alienação, práxis, socialismo –, e outros ainda, que também compõem a constelação teórica no

---

10. A palavra "socialismo", mas não a sua prática e o horizonte de esperanças e lutas políticas que ela designa, surgirá na imprensa francesa dos anos 1830 para designar a doutrina de Saint-Simon (1760-1825); quanto à expressão "comunismo", foi empregada pela primeira vez no livro *Viagem a Icária* (1840), de Etiènne Cabet (1788-1856), para descrever uma sociedade comunista fictícia por ele imaginada e apresentada em um romance que descreve uma sociedade utópica à maneira do que já haviam feito Thomas Morus, Francis Bacon e inúmeros autores anteriores.

11. A perspectiva de que o movimento da história faz-se a partir do desenvolvimento das forças produtivas, embora não nomeadas exatamente desta maneira, já aparece em Adam Smith, particularmente no capítulo VIII de *A riqueza das nações* (1776).

interior da qual se movimentam as abordagens relacionadas ao materialismo histórico, já existiam à época de Marx e Engels, com sentidos próximos ou distanciados daquelas que lhes emprestariam estes autores[12]. No entanto, Karl Marx soube combinar alguns destes conceitos, oriundos de âmbitos teóricos distintos (i. é, conceitos aventados antes dele por autores pertencentes a campos teóricos rivais ou tidos por incompatíveis) de modo a produzir um sistema teórico inteiramente novo – uma nova "visão de mundo", capaz de propor novos problemas e fazer novas indagações que antes não seriam possíveis. Também soube partir da contribuição da economia política clássica, escolhendo alguns autores (tais como Adam Smith e David Ricardo) e rejeitando

---

12. É também o caso do conceito de "divisão de trabalho". Adam Smith examina a questão nos cap. 1 a 3 de *A riqueza das nações* (respectivamente: "A divisão do trabalho", "O princípio que dá origem à divisão do trabalho" e "A divisão do trabalho limitada pela extensão do mercado". Marx dedica-se, no cap. XII de *O capital*, ao tema da "divisão do trabalho e manufatura"). Para dar outro exemplo, também relacionado às inter-relações entre Marx a Adam Smith, podemos lembrar a análise que Marx desenvolve a respeito da 'acumulação primitiva' – a qual teria permitido a gênese histórica do capitalismo – no cap. 24 do Livro I de *O capital* (1867). Rigorosamente falando, o conceito também já aparece em Adam Smith, com a designação *previous accumulation*, na *Investigação sobre a natureza e a causa da riqueza das nações* (1776).

outros (tais como Thomas Malthus), por inadequados aos novos problemas que desejava examinar. E por fim, a seu tempo, avançou para além dos patamares de visão que estavam inarredavelmente ligados ao "quadro de coerência" da economia clássica.

O bem-articulado edifício teórico desenvolvido por Marx e Engels não poderia ter sido construído se esses autores estivessem aprisionados em uma rede teórica paralisante e em um sistema único de origem, e, sobretudo, se não admitissem recriar um novo ambiente teórico a partir de elementos que já existiam na época como possibilidades e realizações em obras diversas. Que depois outros (mas não a maioria dos pensadores marxistas, evidentemente) tenham mais tarde tomado aquele admirável edifício teórico, elaborado com grande capacidade criadora e recriadora por Marx e Engels, e pretendido transformá-lo em uma doutrina fechada, irretocável, sob o argumento de que um modelo coerente não pode incorporar contribuições teóricas diversificadas, é algo estranho à própria prática criadora dos fundadores do materialismo histórico enquanto um modelo adequado para a análise das sociedades humanas.

4

O fetiche do autor

Para além da insistência na rigorosa e burocrática "coerência do sistema" e da "fobia da incompatibilidade", outra trava a evitar é o "fetiche do autor" (**3**). Há autores que são elevados por certos seguidores em verdadeiros heróis hagiográficos. Nestes casos, incorpora-se não o que se acha interessante ou útil de determinado autor, mas "tudo" o que disse este autor, elevado à posição de profeta de uma nova religião teórica[13]. O fato é que não precisamos, para incorporar a salutar e demolidora crítica de Friedrich Nietzsche (1844-1900) ao conhecimento milenarmente orientado pelo

---

13. Nietzsche, em certa passagem de *Ecce homo* (1888) – uma espécie de grande memorial no qual o filósofo alemão analisa suas obras e entretece comentários sobre a repercussão futura das mesmas – registra uma frase significativa: "Tenho um medo horrível de que um dia me proclamem santo". Também é atribuída a Karl Marx a frase: "A única coisa que eu sei é que eu não sou marxista".

racionalismo clássico[14], levar junto alguns dos seus "escritos políticos" carregados de rejeição aos ideais de igualdade social"[15]. Muito menos seria preciso aceitar, por causa dessa que é uma das mais brilhantes obras filosóficas já produzidas, os seus aforismos contra as mulheres (*A gaia ciência*, aforismos 60 a 75), ou adotar a rejeição musical do último Nietzsche a algumas das mais belas composições de Richard Wagner (*O Caso Wagner*,

---

14. Para um dos impactantes textos de Nietzsche que, entre inúmeros ensaios mais desenvolvidos, encaminham uma crítica do conhecimento, cf. a célebre *Consideração intempestiva* que traz o título "Sobre a verdade e a mentira no sentido extramoral" (1873), na qual o filósofo alemão fala sobre a invenção do conhecimento a partir de uma imagem cósmica: "Em algum recanto perdido deste universo que se expande no brilho de incontáveis sistemas solares houve, certa vez, um astro em que animais inteligentes inventaram o conhecimento. Este foi o minuto mais arrogante e mais mentiroso da história do mundo, mas não passou de um minuto. Após uns poucos suspiros da natureza, o astro congelou e os animais inteligentes tiveram de morrer. [...] Essa é a fábula que alguém poderia inventar, e mesmo assim não teria ilustrado suficientemente o modo lamentável, vão, fugidio, sem sentido e sem importância com que o intelecto humano se apresenta no meio da natureza". Michel Foucault comenta o texto em sua palestra *A verdade e as formas jurídicas* (2003, p. 13).

15. Para um texto de rara beleza poética que expõe a aversão de Nietzsche aos discursos igualitários, cf. a passagem "Das tarântulas", da segunda parte de *Assim falou Zaratustra* (1883-1885) (1985, p. 112-115).

1888). Tampouco seria preciso deixar de enxergar o extraordinário valor do materialismo histórico como instrumento de análise para a História e para as Ciências Sociais, apenas porque não se quer abraçar a causa do socialismo revolucionário nos mesmos moldes em que a propuseram Karl Marx e Friedrich Engels, ou mesmo a posterior corrente política do chamado "marxismo-leninismo". De igual maneira, reconhecer a descoberta do "inconsciente" (FREUD, 1915) ou o valor do "método de investigação psicanalítica" não significa aceitar necessariamente "todo" o Freud. As teorias podem ser recompostas livremente a partir dos conceitos e abordagens que um dia foram criados pelos grandes pensadores. Aceitar acriticamente tudo o que disse um autor é retornar aos tempos patrísticos do "argumento de autoridade", no qual uma afirmação ou assertiva não precisava ser demonstrada se já tivesse sido assinada embaixo por uma grande autoridade no campo de conhecimento professado[16].

---

16. Assim se refere Isaac Asimov (1920-1992), ironicamente, ao uso do argumento de autoridade pelos chamados criacionistas, que combatem teorias como a da *Origem das espécies* (1858), de Charles Darwin: "A Bíblia diz que Deus criou o mundo em seis dias e a Bíblia é a Palavra de Deus inspirada. Para o criacionista médio é tudo o que importa. Todos os outros argumentos são apenas um meio

Particularmente quando as teorias se convertem em doutrinas (questão sobre a qual já discorreremos) o "fetiche do autor" pode desempenhar um papel especial (e anticientífico) em alguns sistemas de pensamento, ou mais especificamente nas versões destes sistemas de pensamento que se ossificaram ou se blindaram contra as trocas externas que poderiam promover a crítica e a reformulação.

É muito comum, como um caso particular de "fetiche do autor", o "fetiche do fundador". Sacraliza-se o fundador de um sistema, e os textos por ele proferidos em algum momento (muitas vezes no interior de certo contexto e voltados para determinado campo de aplicabilidade) passam a ser citados e recitados

---

tedioso de combater a propaganda de todos aqueles perversos humanistas, agnósticos e ateus que não estão satisfeitos com a clara palavra do Senhor" (ASIMOV, 1981). O "argumento de autoridade" pretende bastar a si mesmo, e dispensar toda a argumentação dedutiva e demonstração empírica como se uma determinada afirmação proferida por certa autoridade ou fonte inquestionável adquirisse peso inconteste de lei. Em que pese que o "argumento de autoridade" seja frequentemente evocado no âmbito religioso, também o encontraremos na Ciência, sempre que achamos suficiente citar o que disse um grande autor para encerrar uma argumentação que deveria se desenrolar através de dedução e demonstração empírica, de discussão teórica sistemática e refinamento conceitual.

como se fossem artigos de fé[17]. Um texto deslocado de seu contexto e de seu campo de aplicação original pode deformar completamente a teoria flexível que um dia foi criada por um autor, convertendo-a em doutrina rígida, em dogma.

Da mesma forma, a repetição vazia e dogmática dos ditos de um autor pode desvitalizar as proposições que um autor um dia ofereceu à comunidade científica para ser posteriormente elaborada nos quadros científicos de seu campo disciplinar. De proposição científica, o dito se converte em "argumento de autoridade": a fórmula experimental se deteriora em receita; o conceito perde suas qualidades de instrumento flexível e aberto ao novo, para se transformar em trava, em artigo de fé, em objeto de culto[18].

---

17. Sobre isto, cf. Morin, 1998, p. 170.

18. Podemos lembrar como certas proposições científicas de Marx foram convertidas, por alguns autores, em postulados de validade universal ou transformadas em ossatura para uma doutrina. Karl Korsch (1886-1961), em *Marxismo e filosofia* (1923), chama atenção para o fato de que certas proposições que aparecem nos textos de Marx estariam associadas a determinado contexto e voltadas para certo campo de análise ou de aplicação. Contudo, teriam sido convertidas por autores posteriores em princípios de validade geral. Seria o caso de algumas análises de Marx relacionadas à "ascensão e desenvolvimento do capitalismo na Europa Ocidental", que depois foram elevadas a

uma instância de validade geral por Plekhanov (1901) e Lênin (1914). Conforme assinala Josep Fontana (2004, p. 321-322), o próprio Marx, em sua correspondência (*Cartas russas*), teria expressado restrições ao uso generalizado ou esquemático de análises suas que apenas se referiam a processos históricos particulares [seria o caso do "cap. 24" de *O capital* (1867), que aborda o processo de "acumulação primitiva" que se dá especificamente na Europa Ocidental (MARX, 2004)], mas que nunca pretendeu constituir-se em fórmula aplicável ao desenvolvimento histórico de todas as outras sociedades. / É também uma crítica contra a ossificação de algumas correntes marxistas aquela que Sartre desenvolve em *Crítica da razão dialética* (1960).

5

A demonização de autores

Há outra trava que costuma prejudicar o bom fluxo teórico, e que é mais ou menos o contrário do "argumento da autoridade". Carl Sagan (1934-1996), em um dos mais interessantes ensaios inseridos no seu livro *O mundo assombrado por demônios* (1995), chama a esse tipo de "falácia de argumentação" de "*ad hominem*" ("ao homem"), consistindo este procedimento retórico em atacar o argumentador e não o argumento[19]. Pode ocorrer em um livre-debate de ideias, por exemplo, que um argumentador falacioso busque atacar aspectos pessoais da vida do teórico para desmerecer a possibilidade de incorporação de sua contribuição teórica. Ou, o que vem dar na mesma, que alguém se recuse a examinar a contribuição teórica de certo autor – im-

---

19. O texto de Carl Sagan traz o instigante título de "A arte refinada de detectar mentiras" (1995, p. 232-252), e procura rastrear uma série de "falácias argumentativas".

pedindo a si mesmo de se beneficiar de uma contribuição que lhe poderia ser eventualmente útil, ou ao menos digna de ser considerada de um ponto de vista teórico – apenas porque está preso àquilo que, de nossa parte, chamaremos de "demonização de autores" (**4**).

Para evocarmos um bom exemplo, nos anos de 1960 fazia muito sucesso nos meios acadêmicos e intelectuais da França uma corrente teórica do marxismo que surgiu das proposições teóricas aventadas por um filósofo francês de origem argelina que se chamava Louis Althusser (1918-1990). Muitos comentadores denominaram "marxismo estruturalista" a esta corrente, uma vez que Althusser combina de alguma maneira as ideias e conceitos de Karl Marx com um estruturalismo francês à maneira de Claude Lévi-Strauss (1908-2009).

Ocorre que, em 1980 – 15 anos depois do lançamento de seu bem-sucedido livro *Pour Marx* (1965) –, o filósofo franco-argelino, em um surto psicótico, estrangulou sua companheira (Hélène Rytmann) com a qual vivia desde 1946. Cinco anos depois, Althusser escreveu um livro intitulado *L'avenir dure longtemps* (1985)[20] – obra autobiográfica na qual, entre inúmeras revelações bombásticas, reivindicou certa responsabilidade pelo

---

20. O futuro dura muito tempo.

assassinato da companheira, o que resultou em acirrada polêmica entre seus detratores e seus correligionários. Na sequência, Althusser foi internado em um hospital psiquiátrico, no qual viveu em relativa reclusão, dedicando-se ali a redigir a sua *Autobiografia*. Confessou ainda, em outra oportunidade, que nunca havia lido certos textos de Marx, autor em relação ao qual tivera a pretensão de fazer uma verdadeira revisão em livros como *Ler O capital* (1965)[21].

A contribuição teórica de Althusser foi tão significativa que atraiu o interesse teórico de toda uma geração de intelectuais franceses dos anos de 1960, dentro e fora do marxismo. Grandes teóricos ligados ao paradigma do materialismo histórico, como os historiadores Pierre Vilar (1906-2003) e Edward Thompson (1924-1993), enfrentaram adequadamente as proposições de Althusser. O primeiro escreveu um bem-fundamentado artigo para a revista dos *Annales* intitulado "Marxismo e construção" (VILAR, 1973); o segundo publicou uma demolidora coletânea de ensaios intitulada *A miséria da teoria* (THOMPSON, 1978), na qual vai além das críticas a Althusser e termi-

---

21. Para uma biografia sobre Louis Althusser, cf. Moulier-Boutang, 1992. A *Autobiografia* [Les faits] acompanha a edição de 1992 de *L'avenir dure longtemps* (1985).

na por propor o refinamento de certas proposições do materialismo histórico. Considerar uma proposta teórica e refutá-la, retificá-la, refiná-la, rediscuti-la, mas tudo nos próprios termos do debate teórico em questão, e buscando desenvolver uma argumentação a partir da verificação lógica e da sustentação empírica, é o procedimento adequado que enriquece a Teoria da História, ou qualquer outro tipo de teoria no âmbito científico. Mas não será difícil encontrar, com relação às propostas de Althusser, estranhas reflexões baseadas na postura da "demonização do autor", fundadas na declaração de que é absurdo sequer discutir as proposições teóricas de um homem que havia estrangulado a própria esposa.

Também não é digno de constar como refutação da teoria althusseriana o fato de que o próprio autor declarou depois não conhecer certos textos de Marx em uma "autocrítica"; afinal, uma teoria deve ser testada, discutida e considerada a partir das proposições e consequências que carrega em si mesma, dos conceitos que ela mesmo mobiliza em sua formulação. Também é válido contrapor, comparativamente, teorias entre si, com o intuito de demonstrar que uma funciona melhor do que a outra com relação a determinado objeto de estudo, ou que responde melhor às novas perguntas trazidas por um novo tempo. Todavia não é possível, de um ponto de vista científico, agregar questões e observações de ordem pessoal como elementos que irão dar suporte à rejeição de uma teoria. Fazer isso é apelar para a falácia da "demonização de autores". Neste caso tem-se uma espécie de "argumento de autoridade ao avesso", e fala-se de "autores malditos".

Há ainda uma curiosa observação a fazer: mesmo quando um autor faz uma autocrítica e renega a sua própria obra, ou migra de um campo teórico a outro, isto não cancela a sua contribuição teórica anterior. Um autor não tem mais direitos sobre um livro que escreveu assim que o coloca no mundo. Uma boa obra, bem-fundamentada teoricamente (e na verdade qualquer tipo de produção intelectual), adquire vida própria quando se torna pública, podendo a partir daí ser utilizada de modos diversificados pela comunidade de leitores e pelos vários campos de saber. A "autodepreciação do autor" também não cancela uma obra anterior: não é isso que poderá inviabilizá-la teoricamente.

Nenhum destes desdobramentos relacionados à vida pessoal ou a uma "demonização do autor", assim como também não o seu contrário, que seria uma "beatificação do autor" ou a sua elevação a ícone, pode encontrar adequado respaldo em uma boa discussão teórica. Rejeitar a contribuição teórica de um determinado autor em vista de certos incidentes da sua vida pessoal equivaleria a se recusar a apreciar algumas das mais belas composições musicais de Richard Wagner (1813-1883) porque este gênio da música manifestou em alguns de seus escritos opiniões antissemitas, ou porque algumas das óperas do compositor alemão foram depois muito apreciadas por Hitler e até mesmo usadas para embalar deprimentes práticas em campos de concentração. A música existe como construção estética a ser apreciada, independente da personalidade de seu autor ou dos usos que lhe foram emprestados em um outro momento. Uma construção teórica, da mesma forma, está livre no mundo a partir do momento em que é oferecida às comunidades de cientistas e historiadores, e deve ser examinada nos termos de seu potencial explicativo, de sua clareza argumentativa e de sua sustentação demonstrativa.

Há ainda outro tipo de falácia que se desdobra da "demonização do autor" e que consiste em depreciar a instituição a que se vincula o pensador que sustenta determinada argumentação teórica. Alguém que sustenta que não é preciso considerar as reflexões de determinado autor porque ele é ligado a uma instituição de ensino ou pesquisa de menor importância ou sem significativo peso acadêmico, como se houvesse uma espécie de hierarquia de lugares institucionais a partir dos quais os argumentos adquirem mais valor quando proferidos desta ou daquela instituição, não deixa de também estar incorrendo, de uma maneira ou de outra, neste par que se relaciona aos "argumentos de autoridade" e à "depreciação de autores". Quando Marc Bloch (1886-1944) e Lucien Febvre (1878-1956) contribuíram para revolucionar a historiografia francesa, na primeira metade do século XX, estavam lotados na Universidade de Estrasburgo, e dali proferiram suas implacáveis críticas contra os tradicionais mandarins historiográficos que controlavam o Departamento de História da mais prestigiosa universidade francesa desde os tempos medievais: a Sorbonne. A força de seus argumentos em favor de uma nova prática historiográfica não pode ser obstaculizada pelos argumentos de autoridade que lhes foram contrapostos a partir da mais poderosa torre de marfim do sistema universitário francês[22]. En-

---

22. Em seu livro sobre *A Escola dos Annales* (1990, p. 27), Peter Burke mostra como a nova Universidade de Estras-

fim, no limite, o ideal é que qualquer discussão teórica possa ser travada teoricamente, ou que ela se sustente sozinha, sem que seja necessária uma legitimação externa, institucional. As exigências de legitimação ocorrem muito, é claro, e, ainda que inevitáveis, não fazem parte propriamente dos procedimentos científicos.

---

burgo, situada também em uma cidade renovada (recentemente desanexada da Alemanha em favor da França com o fim da Primeira Guerra), oferecia por isso mesmo "um ambiente favorável à inovação intelectual". Foi neste ambiente que surgiu a conexão entre Marc Bloch e Lucien Febvre, preparando o advento do movimento dos *Annales*, um dos mais renovadores para a historiografia contemporânea. O próprio Peter Burke, em uma nota de rodapé, presta depoimento similar a respeito de sua atuação na nova Universidade de Sussex, um ambiente intelectual igualmente novo e efervescente do qual ele mesmo teria participado nos anos de 1960.

6

O temor às consequências adversas

Avançando em nosso "Quadro das travas e impedimentos ao livre-fluir teórico", veremos que também existem aqueles que rejeitam sequer discutir uma teoria por temor às suas "consequências adversas" (**5**). Seria uma postura teórica deste tipo a que poderia estar oculta no gesto de impor acientificamente o ensino do criacionismo contra a sequer menção à *Teoria das Espécies*, de Charles Darwin (1859), com base no mero argumento de que, se esta teoria for aceita, há o risco de trazer a ruína a sistemas religiosos construídos desde há muitos séculos, dos quais a humanidade necessita para não mergulhar em uma vida caótica. O mesmo argumento também poderia ser utilizado erroneamente para proibir discussões com base na proposta teórico-metodológica do materialismo histórico, uma vez que Karl Marx, um dos criadores deste paradigma, era de opinião de que "a religião é o ópio do povo" (*Crítica da Filosofia do Direito de Hegel*, 1944)[23]. Aliás, neste caso combinamos as duas falácias: a da "fobia das consequências adversas", e uma forma invertida da "adesão burocrática à total coerência do sistema". Afinal, rejeita-se aqui o materialismo histórico em todos seus aspectos, apenas porque seu criador, Karl Marx, era ateu, como se certo sistema teórico só pudesse ser aceito considerando literalmente a adesão a todos os pontos de vista formulados pelo criador original (isso é também uma forma invertida do

---

23. Diz o texto original de Marx: "A miséria religiosa constitui ao mesmo tempo a expressão da miséria real e o protesto contra a miséria real. A religião é o suspiro da criatura oprimida, o ânimo de um mundo sem coração e a alma de situações sem alma. A religião é o ópio do povo. / A abolição da religião enquanto felicidade ilusória dos homens é a exigência da sua felicidade real. O apelo para que abandonem as ilusões a respeito da sua condição é o apelo para abandonarem uma condição que precisa de ilusões. A crítica da religião é, pois, o germe da crítica do vale de lágrimas, do qual a religião é a auréola" (MARX, 2005, p. 146-147) (original: 1943). Na verdade, a comparação da religião com o ópio, seja depreciativa ou valorativamente, já aparece em outros autores, como Kant, Feuerbach. Bruno Bauer, Moses Hess e Heinrich Heine, que já em 1840 teria empregado esta metáfora valorativamente ao dizer: "Bendita seja uma religião que derrama no amargo cálice da humanidade sofredora algumas doces e soporíferas gotas de ópio espiritual, algumas gotas de amor, fé e esperança". Sobre isto, cf. Löwi, 2006.

"fetiche do autor"). Paulo Freire (1921-1997), um dos maiores educadores da história de nosso planeta, era simultaneamente marxista e católico. Aderir a certa visão do materialismo histórico não o impediu de administrar em sua vida pessoal determinada crença religiosa[24]. Paulo Freire não estava escravizado pela falácia da "adesão burocrática à total coerência do sistema".

Também seria uma "fobia das consequências adversas" se um determinado militante marxista, ligado a um partido político de esquerda, se recusasse a discutir uma teoria sobre as causas do fracasso do socialismo real, com base na mera argumentação de que levar adiante tal discussão teórica poderia pôr a perder mais de um século de história de lutas alicerçadas no desenvolvimento do chamado marxismo-leninismo, arriscando dissolver todos os sonhos revolucionários (o que, de todo modo, é também uma falácia argumentativa, já que se pressupõe que todos os sonhos revolucioná-

---

24. Embora profundamente comprometido com a leitura social proporcionada pelo paradigma do materialismo histórico, inclusive nos aspectos relacionados à práxis e ao envolvimento nos processos de transformação social, Paulo Freire declarava-se católico e estava francamente associado a entidades de caráter religioso, tal como o Conselho Mundial das Igrejas (CMI). Para uma biografia de Paulo Freire, cf. Gadotti, 1996.

rios ligam-se necessariamente a um modelo específico dentro do materialismo histórico que é o do chamado "marxismo-leninismo").

7

A estagnação discursiva

Para além do "apego burocrático à coerência do sistema", da "crença na imiscibilidade de certos autores", do "fetiche do autor", da "demonização de autores" e da "fobia das consequências adversas", uma trava muito comum é a "estagnação discursiva" (**6**), ou o que, para utilizar uma linguagem mais popular, poderia ser entendido como uma "mesmice discursiva". Se propor novas perguntas mostra-se um excelente recurso para alcançar novos patamares teóricos, com alguma frequência também o recurso a uma "nova linguagem de observação" permite enxergar as coisas de uma nova maneira (FEYERABEND, 1989, p. 115).

Ousar criar é também importante. Experimentar novas linguagens é também se forçar a ver as coisas de uma nova maneira. É evidente, contudo, que para se aventurar à criação de uma nova linguagem sem cair na gratuidade, que se converteria em mera presunção, é útil conhecer antes as linguagens de observação já existentes, dominá-las com igual fluência. Este é o papel da "Teoria da História" e da "Teoria das Ciências Sociais", enquanto disciplinas importantes para a formação do historiador e do cientista social. A Teoria da História é capaz de disponibilizar para o historiador em formação não apenas um vocabulário conceitual diversificado, como também lhe oferecer um repertório de "modos de ver" diferenciados, combináveis ou não (e o que vai ajudar a decidir isso – i. é, sobre o que usar, e como usar – não é uma afirmação dogmática, nem um decreto acadêmico, mas o objeto histórico que o historiador tem diante de si).

De todo modo, a "estagnação discursiva" também abarca como possível vício uma outra forma de fetiche, que é o "fetiche do conceito". Trata-se, aqui, de uma tendência a sacralizar não mais o autor, mas na verdade um conceito, transformá-lo em imagem sob a qual o teórico vai depositar suas oferendas, e por vezes construir uma cerca em torno deste conceito "territorializado" (i. é, transformado em espaço que passa a estar submetido a um poder)[25], para a partir daí só se permitir que o espaço conceitual cercado seja apenas frequentado pelos

---

25. Sobre o caráter político associado ao conceito de "Território", cf. Raffestin, 1993, p. 143; Souza, 2001, p. 11.

peregrinos autorizados. Um conceito, pensaremos aqui a partir de um comentário extremamente oportuno de Friedrich Nietzsche, é algo para ser usado, de modo a favorecer um modo de visão, e não para ser reverenciado ou transformado em coisa inerte, desgastada como o "velho metal das moedas".

> Enquanto cada metáfora intuitiva é individual e sem igual e, por isso, sabe escapar a toda rubricação, o grande edifício dos conceitos ostenta a regularidade rígida de um columbário romano e respira na lógica aquele rigor e frieza, que são próprios da matemática. Quem é bafejado por essa frieza dificilmente acreditará que até mesmo o conceito, ósseo e ortogonal como um dado e tão fácil de deslocar quanto este, é somente o *resíduo de uma metáfora*, e que a ilusão da transposição artificial de um estímulo nervoso em imagens, se não é a mãe, é pelo menos a avó de todo e qualquer conceito (NIETZSCHE, 1974, p. 57)[26].

Desmistificar o conceito, reenviá-lo de volta ao mundo dos vivos, desfossilizá-lo, não se dei-

---

26. Em outro momento deste mesmo texto ("Sobre a verdade e a mentira no sentido extramoral", 1873), acrescenta Nietzsche: [alguns conceitos são] "ilusões, das quais se esqueceu que o são, metáforas que se tornaram gastas e sem força sensível, moedas que perderam sua efígie e agora só entram em consideração como metal, não mais como moedas" (NIETZSCHE, 1974, p. 56).

xar escravizar por este conceito solenemente convertido em ídolo de pedra ou de madeira, é por diversas vezes uma operação importante para escapar à estagnação discursiva. O "conceito" deve ser colocado ao serviço do sociólogo, do antropólogo, do historiador; não é este que deve servir ao conceito[27]. Convém, portanto, não se deixar aprisionar acriticamente por este "céu conceitual matematicamente repartido" de que também nos fala Nietzsche (1974, p. 57). Um conceito, ou uma metáfora, é um recurso de que o pensamento teórico lança mão, e não um grilhão que se volta contra a própria leitura teórica[28]. Quando um pensamento teórico rende-se ao peso da estagnação discursiva, quando se permite que

---

27. Sobre o uso historiográfico de conceitos, cf. Prost, 2008, p. 115-131; Koselleck, 1990, p. 97-118.

28. Alguns dos mais criativos historiadores que se associaram a este paradigma historiográfico – tal como foi o caso de Edward Thompson – souberam se libertar do uso estagnado de certas imagens, como p. ex. a famosa metáfora da "base que determina a superestrutura". A metáfora da "base" de um edifício, utilizada por Marx como imagem, metáfora livremente criada, havia sido convertida em um conceito "ósseo e ortogonal" por alguns dos continuadores de Marx. Thompson e outros historiadores da Escola Inglesa de historiadores marxistas souberam submeter a eficácia desta imagem à crítica, dessacralizá-la, enfim. / Para a crítica da Escola Inglesa à metáfora da "infraestrutura", cf. Thompson, 2001, p. 254-255. Cf. tb. o ensaio *Marxismo e literatura*, de Raymond Williams (1971).

seus conceitos se ossifiquem, a teoria perde o seu poder de voo. As asas conceituais regridem e se recolhem, convertem-se em cascas protetoras que doravante estarão coladas ao corpo, como se fossem protetores blindados contra o meio externo. Em uma espécie de metamorfose invertida, a borboleta converte-se em larva. Veremos, mais adiante, que este é o momento em que uma "teoria" transforma-se em "doutrina".

8

Anacronismo e fobia do anacronismo

Não é raro que o "fetiche do conceito" – esta forma de "estagnação discursiva" muito específica – conduza à tendência viciosa de adaptar uma fórmula já desgastada a toda e qualquer realidade[29]. Ou, também é frequente, incorre-se ainda no erro de aplicar, indiscriminadamente a tudo, o conceito ou

---

29. Paul Veyne registra as seguintes observações sobre isso no seu ensaio "A História Conceitual", escrito para a coletânea *Faire de l'histoire* organizada em 1974 por Pierre Nora e Jacques Le Goff: "Acontece então, frequentemente, que este ou aquele conceito novo conhece um sucesso de voga, e acredita-se encontrá-lo por toda a parte: houve um tempo em que se encontrava em todos os lugares uma burguesia ascendente, na França de Luís XVI como na Inglaterra de Cromwell, na Roma de Cícero e no Japão de Tokugawa; descobriu-se em seguida que essa nova chave não entrava em tantas fechaduras senão forçando-as, e que ainda seria necessário forjar novos conceitos para essas outras fechaduras" (VEYNE, 1988, p. 71 [original: 1974]).

sistema teórico que se mostrou eficaz para a análise de determinada realidade, mas não necessariamente a outras. O "anacronismo" – uso acrítico, para uma determinada situação histórica, de um conceito que somente se ajusta bem à análise de outra época – é outro dos vícios desta mesma família (7).

O problema do anacronismo, mais do que às demais ciências sociais e humanas – embora também atinente a elas quando seus temas específicos de pesquisa envolvem uma análise histórica implícita ou explícita –, refere-se à História. O anacronismo é certamente um dos erros e vícios mais graves contra os quais deve se resguardar o historiador, mas também não é menos danosa a recaída no exagero que se entrincheira no outro extremo, uma espécie de "fobia do anacronismo" que pode levar o historiador a rejeitar o uso pertinente de categorias de análise desenvolvidas em sua própria época sob a alegação de que tais categorias não existiam no passado.

Uma coisa é se deixar enredar no vício do "anacronismo" e projetar categorias de pensamento dos homens de uma época, ou do próprio historiador, nos seres humanos de outro tempo e localidade, que se movimentavam e viviam a partir dos seus próprios padrões de pensamento e sensibilidade, e que possuíam os seus próprios referenciais de mundo e tábuas de valores (que obviamente precisam ser compreendidos pelo historiador que desenvolve a análise). Outra coisa é se deixar atolar no imobilismo que pode ser gerado pela insistência em trabalhar exclusivamente "ao nível das fontes" (como se tal fosse possível), rejeitando o uso das "categorias do historiador" ou de seus recursos analíticos sob a alegação de que estes seriam "anacrônicos". Esta outra ingenuidade, que poderemos denominar "fobia do anacronismo", é quase tão danosa quanto o anacronismo.

Antes de desenvolvermos a argumentação sobre a necessidade de se permanecer equidistante em relação ao "anacronismo" e à "fobia do anacronismo", será oportuno lembrar uma observação fundamental de Reinhart Koselleck (1923-2006) sobre o uso de conceitos em História. Em seu célebre livro *Futuro passado* (1979), Koselleck observa que os historiadores trabalham necessariamente com dois tipos de "conceitos" ou categorias verbais, na verdade com "dois níveis de conceitos": alguns conceitos e expressões o historiador irá retomar das próprias fontes, correspondendo àquelas palavras que os homens da própria época analisada empregavam para a sua autocompreensão ou para descrever os acontecimentos e processos que lhes eram contemporâneos. Estes são os conceitos "em nível das fontes", e é certamente preciso trabalhar com eles (obviamente que de maneira crítica), uma vez que eles expressam as mentalidades de uma época, os artifícios verbais dos homens de então, as marcas de um contexto histórico que já não é mais o nosso. Mas existe um segundo nível, que é o dos conceitos que se estabelecem "ao nível do historiador". Estes correspondem às suas próprias categorias de análise. O historiador pode criá-las, ou tomá-las de empréstimo do repertório conceitual que já existe na tradição historiográfica.

Os conceitos de "modo de produção", "crise econômica", "colonialismo", "luta de classes", "mentalidades", "estrutura", "sistema" podem ser perfeitamente utilizados para a análise de sociedades diversificadas, inclusive nas épocas em que ainda não se usavam estas expressões. É preciso não confundir o uso deste tipo de conceitos – aqueles que se estabelecem "ao nível do historiador", legitimamente, como instrumentos adequados de análise – com aqueles outros conceitos que podem ser empregados "anacronicamente" em vista de os projetarmos indevidamente nos modos de pensar de pessoas de uma outra época.

Dito de outra forma, é preciso não confundir o "nível da análise" com a "realidade das fontes". O historiador lida, obviamente, com estas duas coisas: com os instrumentos conceituais de análise, e com uma realidade histórica que ele analisa (o nível das fontes). Será importante partirmos destas considerações sobre os "dois níveis de conceitos" se quisermos ter uma maior clareza sobre o que é efetivamente o "anacronismo", sem recairmos inadvertidamente no seu extremo oposto, que é o das distorções causadas pela "fobia do anacronismo". Há uma diferença de níveis e de natureza teórica entre o uso do conceito de "sistema" ou de "feminismo" para a análise de sociedades antigas, da qual é preciso nos conscientizarmos.

O que é anacronismo?[30] Em primeiro lugar, é preciso não esquecer o já mencionado fato de que o historiador, ao examinar determinada sociedade localizada no passado, está sempre operando (também) com categorias de seu próprio tempo (mesmo que ele não queira). Daí aquela célebre frase de Benedetto Croce, que dizia que "toda história é contemporânea". Isto quer dizer que mesmo a História Antiga e a História Medieval são de certo modo histórias contemporâneas, porque são elaboradas pelos historiadores de nosso tempo (e voltadas para leitores de nosso

---

30. Basearemos estas reflexões sobre o anacronismo em História em Barros, 2004, p. 51-54.

tempo)[31]. Há uma tensão muito delicada que envolve esta inarredável característica do trabalho historiográfico: por um lado o historiador deve conservar vivamente a consciência de que trabalhará com as categorias de seu próprio tempo, ao nível da análise, mas, por outro lado, deverá evitar que algumas destas categorias ameacem deturpar as suas possibilidades de compreender os homens do passado, seres humanos históricos que tinham as suas próprias categorias de pensamento e de sensibilidade. Estas últimas, obviamente, também serão trabalhadas pelo historiador, mas não como instrumentos para desenvolver a análise, e sim como aquilo mesmo que se analisa. Por exemplo, da mesma forma que os métodos que um historiador emprega serão sempre métodos seus, desenvolvidos na sua própria época, já que ele poderá empregar os recursos da análise semiótica, só desenvolvidos recentemente, para examinar fontes da História Antiga ou Medieval, de igual manei-

---

31. "Toda história é contemporânea [...] considerando mais de perto, até esta história já formada, a que chamamos ou gostaríamos de chamar história "não contemporânea ou passada", se é realmente história, i. é, se tem algum sentido e não é um eco vazio, é também contemporânea, e em nada difere da outra. [...] pois é evidente que só um interesse pela vida do presente pode nos levar à investigação de um fato do passado" (CROCE, 1920, p. 53-65).

ra este mesmo historiador poderá elaborar ou trabalhar com novos conceitos, somente tornados possíveis no seu tempo, para iluminar uma época anterior a sua.

Não há o menor problema nestes usos. Aliás, são precisamente os usos de novas técnicas, conceitos e modos de ver uma realidade passada que asseguram que a história de uma determinada época deverá ser sempre recontada. A questão do anacronismo é muitas vezes mal-interpretada, se nos deixamos enredar pelas distorções causadas pela "fobia do anacronismo". Para utilizar um exemplo um tanto caricatural, não tenho por que me constranger de utilizar a expressão "ataque cardíaco" para uma morte deste tipo ocorrida na Antiguidade greco-romana ou na Idade Média (pressupondo-se que fosse possível comprovar que este tipo de morte fosse precisamente o que é mencionado em determinadas fontes) só porque os homens de então se referiam a esses males como "mal súbito". Menos ainda haveria qualquer problema em utilizar a expressão "crise econômica" – um conceito estabelecido ao nível da análise historiográfica, e não ao nível das fontes – somente porque os gregos antigos e os homens medievais não conheciam o emprego da palavra "crise" para explicitar determinadas situações que ocorrem com as sociedades humanas[32].

O que não posso é dizer que um determinado grupo de mulheres dessas épocas, consideradas as suas atitudes de resistência ao controle masculino em um tempo em que estas resistências não eram esperadas, eram "feministas". O erro, neste caso, está em que estou lhes atribuindo uma categoria de pensamento que só surgiu nas mulheres do século XX – à luz de uma equivalente conquista de direitos políticos e da obtenção de espaço social e profissional – e transferindo isto para uma época em que o discurso feminista simplesmente não existia, ou sequer teria podido existir. O discurso feminista é datado, e na verdade inseparável das condições de seu surgimento e perpetuação a partir do século XX. Se quero tentar compreender as mulheres da Antiguidade e da Idade Média que resistiram à sociedade misógina de suas épocas, devo tentar perceber como elas viam o mundo, através de que categorias de pensamentos, a partir de que práticas e representações. Devo

---

32. A expressão "crise econômica", como observa Antoine Prost em suas *Doze lições sobre a História* (1996, p. 116), foi somente empregada pela primeira vez por Ernst Labrousse, em seu clássico livro *A crise da economia francesa ao fim do Antigo Regime e no princípio da Revolução* (1944).

examinar, além disso, a excepcionalidade ou não do comportamento deste ou daquele grupo, que sentido os componentes deste grupo atribuíam aos seus próprios discursos. Devo refletir longamente sobre as suas palavras (que certamente não incluirão a expressão "porco chauvinista"). Metaforicamente falando, deverei sintonizar neste caso esta singular estação que é a mulher antiga ou a mulher medieval, sempre com a consciência de que deverei apreender um idioma estrangeiro, diferente do meu. Para compreender as mulheres da Antiguidade e da Idade Média devo submeter a uma rigorosa análise os próprios conceitos que emergem "ao nível das fontes", e não pressupor que um conceito de minha própria época, igualmente histórico e relacionado às maneiras de pensar das mulheres de hoje, corresponde a uma categoria dada desde sempre e que pode corresponder aos modos de pensar e de sentir possíveis às mulheres de todas as épocas.

Muitas vezes os historiadores de nosso tempo, que aprendem desde cedo na Academia que o maior pecado para um historiador é o do anacronismo, quase se sentem tentados a mandar confeccionar um manto medieval para depois se encerrarem nos seus gabinetes de estudo com uma roupa apropriada para iniciar uma investigação sobre a ordem medieval dos templários. Não é isto o que os libertará dos riscos do anacronismo, e nem um eventual horror a utilizar categorias teóricas contemporâneas na hora de analisar uma fonte histórica. Se assim fosse, a própria discussão sobre a possibilidade de diálogo entre a História e a Psicologia, ou entre a História e a Semiótica, seria inviável... já que não existiam estes campos de saber naquelas épocas mais remotas (e já que, rigorosamente, a própria História não existia da maneira como hoje concebemos este campo de conhecimento).

O que o historiador não deve fazer de modo algum, com vistas a evitar os riscos do anacronismo, é inadvertidamente projetar categorias de pensamento que são só suas ou de outros homens de sua própria época nas mentes das pessoas de determinada sociedade ou de certo período. Para compreender os pensamentos de um chinês da época dos mandarins, terei de me avizinhar dos códigos que (tanto quanto me for possível perceber) regeriam o universo mental dos chineses. Este exercício de compreender o "outro chinês" é que tem que ser feito. Mas não é a análise que tem de ser chinesa.

9

Rigidez nas fronteiras interdisciplinares

Toda teoria, para conservar sua eficácia científica, precisa respirar o ar da liberdade. A ousadia de romper fronteiras será, consideraremos em seguida, uma qualidade teórica da maior importância, e, como uma indicação importante, podemos salientar a necessidade de ultrapassar a trava das "fronteiras interdisciplinares demasiado rígidas" (**8**). O último século, ao trazer, com a modernização acelerada, fenômenos preocupantes para a história do pensamento ocidental – como a hiperespecialização que isola um profissional, apartando-o de uma visão mais abrangente –, também trouxe o instigante fenômeno da interdisciplinaridade, este convite a romper as fronteiras entre os diversos campos disciplinares. É sempre importante se ter em mente que os limites disciplinares foram criações acadêmicas, que trazem eles mesmos a sua própria história. Deve-se sempre indagar se o seu objeto de estudo, as suas hipóteses, os seus problemas, e os seus objetivos de investigação, acomodam-se bem ou não no interior de uma fronteira disciplinar (ou, mais grave, intradisciplinar). Romper fronteiras, quando isso é necessário, é também uma opção teórica. "Um rio pode ver-se dividido em fronteiras nacionais, mas isso não faz dele uma realidade descontínua"[33].

---

33. A frase também é de Feyerabend (1989, p. 260).

10

Encastelamento teórico: engessamento da teoria em doutrina

Se as fronteiras entre os campos disciplinares podem se enrijecer, ocasionando a formação, em torno do campo disciplinar, de verdadeiras camisas de força que já não permitem o estudo de determinados objetos que mal se acomodam no interior de uma única disciplina, existe ainda um último enrijecimento que é fatal para o "fluir teórico". Tal ocorre quando se dá um enrijecimento interno, e a "teoria" termina por se engessar em "doutrina" (**9**)[34]. A conversão de uma teoria em doutrina se

---

34. Às vezes, há consciência em alguns autores de que, a partir de certo ponto, já não se está mais falando de uma "teoria", mas sim de uma "doutrina". Lênin (1870-1924), p. ex., motivado pelo potencial politicamente diretivo de certas obras de Marx e Engels, chega a definir o marxismo como "o sistema das ideias e da doutrina de Marx" (1914).

dá quando esta começa a se blindar para além do seu núcleo irredutível (o seu "núcleo duro"), e a blindagem chega a atingir o nível dos conceitos, que nas teorias abertas sempre conservam certa flexibilidade e permeabilidade, de modo a realizar adequadamente uma boa mediação entre a teoria e o mundo externo (a realidade, ou as evidências, para o caso da História). Blindar uma teoria e transformá-la em doutrina pode ser extremamente pernicioso para a sua possibilidade de permanecer nos quadros da cientificidade, já que a abertura para a crítica externa e para as possibilidades de reformulações constituem pressupostos indissociáveis da Ciência[35]. A blindagem de uma teoria em doutrina também pode ser compreendida a partir de outra metáfora, que é a do "encastelamento teórico".

Uma teoria criada ou desenvolvida de acordo com o mais maleável e aberto espírito científico pode ser tomada, por determinada escola ou grupo de teorizadores-doutrinadores, como recanto a partir do qual se edificará o mais intransponível dos castelos medievais. A princípio são erguidas as torres, com a sua altivez ameaçadora. Depois começa a surgir um castelo, com suas espessas paredes teóricas. Em

---

[35]. Sobre a diferença entre "teoria" e "doutrina", e para um exemplo da metáfora da blindagem, cf. Morin, 1998, p. 168.

torno dele cava-se um fosso de água parada, que logo será habitado por crocodilos prontos a devorar estrangeiros incautos, com a potente dentição formada pelos seus "argumentos de autoridade". Uma sombria ponte levadiça será o único ponto de contato entre o castelo teórico e o mundo, mas apenas para permitir a entrada de víveres, daquilo que reforçará a doutrina. Os eventos que confirmem o que já foi dito serão sempre bem recebidos, como víveres dos quais dependerá a eterna revitalização da doutrina; os demais, ou serão ignorados ou atirados aos crocodilos. No interior do castelo teórico será observada uma regra mais rigorosa do que a dos beneditinos. Bem acomodado em uma espécie de altar, e ao invés dos materiais que antes se prestavam a uma livre-reflexão teórica, terá surgido um dogma. As tábuas de leitura da realidade, instrumentos para se enxergar a complexidade real de certa maneira e para reelaborar continuamente esta "visão de mundo" que é a teoria, transformaram-se agora em "tábuas de certezas", em mandamentos para serem seguidos e recitados[36]. Eis uma doutrina.

---

36. A transformação de uma teoria em dogma encerra a sua vida como teoria. Naquela espécie de metamorfose ao avesso, à qual já nos referimos, a teoria perde seu poder de voo e se transforma de borboleta em larva. Podemos

Inscritos na pedra, os mandamentos não poderão mais ser questionados e nem retificados, e aqueles que futuramente insistirem em fazer adaptações na "lei" serão, imediatamente, inseridos no "livro dos heréticos" ou tratados como apóstatas. Contra as teorias rivais, já não se direcionarão debates científicos, mas sim verdadeiras "cruzadas" e "guerras santas". Já no interior da teoria que se converteu em doutrina reinará doravante a paz das águas paradas, propícias para o ritual de batismo. O "fetiche do autor" poderá ser convocado para a cerimônia de sacralização dos sacerdotes da nova religião. Já nem mais teremos um castelo, talvez um templo, com seus próprios deuses.

O dogma pode transformar uma boa ciência em má religião. De fato, "para que haja disciplina é preciso que haja possibilidade de formular, e de formular indefinidamente, proposições novas" (FOUCAULT, 1996, p. 30). De igual maneira, um determinado sistema de ideias não pode sequer se conservar como

---

lembrar aqui as palavras de Edgar Morin em um dos ensaios do livro *A inteligência da complexidade* (1999): "Uma teoria é científica não porque ela é certa, mas, ao contrário, porque ela aceita ser refutada, seja por razões lógicas, seja por razões experimentais ou de observações. Isto é, uma teoria científica não é o substituto, num mundo laico, da verdade teológica e religiosa. É o contrário!" (MORIN, 2000, p. 39).

"teoria", a não ser que conserve a sua abertura externa e a sua maleabilidade interna, isto é, "capacidade de adaptação e modificação na articulação entre os seus subsistemas, assim como a possibilidade de abandonar um subsistema e de substituí-lo por outro" (MORIN, 1998, p. 167). Desta maneira, existe uma salutar tensão entre a necessidade de uma "maleabilidade interna" – para aquém da qual a teoria se esclerosa ou se transforma em doutrina blindada – e a tendência de uma teoria a lutar pela conservação dos seus pressupostos irredutíveis no seu "núcleo duro", para além dos quais ela se desintegraria para desaparecer ou se transformar em outra formulação teórica (o que também não é necessariamente ruim)[37]. De resto, com relação à "abertura externa", que se mostra uma exigência de toda teoria no plano científico, podemos lembrar que mesmo as doutrinas não são inteiramente fechadas, embora, nestas, essa abertura às trocas externas seja extremamente seletiva e

---

37. A este respeito podemos reter, ainda, algumas das oportunas palavras de Edgar Morin no quarto volume de *O método* (1998, p. 167): "Assim, uma teoria aceita a crítica no quadro filosófico, mas é no quadro científico que deve admitir o princípio da sua biodegradabilidade: uma teoria aberta é uma teoria que aceita a ideia da sua própria morte".

só haja assimilação de elementos e informações que a confirmem[38].

A doutrina, enfim, também está ela mesma sujeita a movimentos. Mas como perdeu a fluidez dos rios, que é típica das teorias, e se tornou um vasto ideário petrificado, movimenta-se à maneira das grandes placas tectônicas que existem sob a terra, provocando abalos sísmicos sempre que ocorre algum deslocamento mais significativo em uma nova direção, e esmagando concomitantemente os teóricos que perdem o equilíbrio e ficam presos nas suas fissuras. Particularmente, a doutrina que foi tragada ou que se pôs a serviço de uma ditadura, ou que foi por esta reesculpida, pode violentar gravemente a Ciência, e em particular a História.

A história da Rússia stalinista e de alguns dos países socialistas sob a égide de governos autoritários, bem como as suas contrapartidas nos totalitarismos de direita, fornece-nos um número relevante de exemplos sobre este

---

38. Ou, como ressalta Edgar Morin: "As trocas entre a doutrina e o mundo empírico são rarefeitas, mas nem por isso a doutrina é totalmente fechada. Ela assegura as trocas mínimas selecionando unicamente o que lhe traz confirmação" (MORIN, 1998, p. 168). Por isso, em nossa metáfora sobre o "encastelamento teórico", o papel do pesado portão de ferro que eventualmente se transforma em "ponte levadiça".

violentar da historiografia a partir do poder ditatorial. Pode-se ilustrar bem a situação com a historiografia russa da primeira metade do século XX, quando consideramos as teorias que nessa época se propunham a refletir sobre o desenvolvimento histórico da Rússia até os limiares da Revolução de Outubro. Haveria alguma similaridade entre o desenvolvimento histórico dos demais países europeus – como a Inglaterra e a França – e a história desta "formação histórica" específica que foi a Rússia czarista? Ou haveria uma significativa originalidade do processo de desenvolvimento do capitalismo russo? Esta pergunta – teórica por excelência – iria dar o que falar (e também dar o que calar) na Rússia bolchevique.

Vladimir Ilitch Lênin (1870-1924), primeiro dirigente da Rússia socialista, havia elaborado no período pré-revolucionário uma obra teórica sobre *O desenvolvimento do capitalismo na Rússia* (1899). Nessa enfatizara aquilo que o desenvolvimento da sociedade e da economia russa – ainda sob o jugo czarista – tinha de especificamente capitalista. Sua tendência a dar um estatuto de lei geral ao esquema interpretativo que Marx elaborou em sua análise sobre o desenvolvimento do capitalismo no ocidente europeu, no célebre capítulo "A acumulação primitiva" de *O capital* (1867), aproxima suas conclusões nessa obra às de Plekhanov (1901). Assim, tanto para Lênin como para Plekhanov, o desenvolvimento do capitalismo seria uma precondição necessária para o advento do socialismo[39]. Mais tarde, em 1922, Leon Trotsky (1879-1940), outra figura de proa do bolchevismo revolucionário dos primeiros tempos, iria publicar uma obra sobre os movimentos revolucionários da Rússia de 1905 (TROTSKY, 1969), sendo que esse livro enfatizaria, a partir de um viés bem distinto, a originalidade da formação social russa[40].

---

39. No período pré-revolucionário russo havia também a corrente que, ao contrário da proposta bolchevique, considerava que o socialismo russo deveria se desenvolver no ambiente da tradicional comuna camponesa. Deste modo, estas proposições teóricas – tanto a de Lênin como a de seus opositores – devem ser compreendidas no contexto das lutas pela liderança do movimento revolucionário russo.

40. A lentidão das mudanças socioeconômicas e o caráter arcaico e primitivo da sociedade russa, no período que precede os movimentos revolucionários de 1905, seriam, de acordo com Trotsky, as principais marcas de sua originalidade: "Se comparamos o desenvolvimento social da Rússia com o de outros países da Europa – destacando os fatores comuns que constituem seus traços gerais mais distintivos e que distinguem sua história da história russa – poderemos dizer, por comparação, que a principal característica do desenvolvimento social da Rússia é sua lentidão e seu caráter relativamente primitivo" (TROTSKY, 1969, p. 397-398).

Nessa época, a doutrina bolchevique – ainda não totalmente encastelada ou blindada no que se refere à análise histórica – abria ainda discretos espaços internos para alguma discussão historiográfica, de modo que, concomitante ao lançamento da primeira edição russa da obra de Trotsky sobre o "Balanço do movimento revolucionário de 1905", surgiria uma análise divergente, encaminhada pelo maior historiador profissional da Rússia bolchevique: Mikhail Pokrovsky (1868-1932)[41]. Este iria criticar frontalmente as teses de Trotsky acerca da originalidade da formação social russa. Restabelecendo uma leitura histórica mais próxima à de Plekhanov (1901) e de Lê-

---

41. Mikhail Pokrovsky (1868-1932), desde os primeiros anos do governo bolchevique e até a sua morte em 1932, foi o principal nome da historiografia soviética oficial. Bolchevique desde 1905, iria confluir para o típico exemplo do "historiador orgânico", vinculado ao Estado. Ocupou importantes cargos no Partido Bolchevique: foi presidente do Soviet de Deputados e Soldados de Moscou logo após a Revolução de Outubro de 1917, e em seguida foi nomeado vice-comissário para a Educação, cargo que ocupou entre 1918 a 1932. Além disso, foi o primeiro diretor do Instituto de Professores Vermelhos, e também o primeiro presidente da Sociedade de Historiadores Marxistas. Em 1925, adere à corrente stalinista; mas em 1936, quatro anos após sua morte, seria execrado pelo Partido juntamente com sua obra historiográfica, que foi banida dos horizontes teóricos aceitos pela doutrina bolchevique sob o rótulo de "sociologismo vulgar".

nin (1899), ao mesmo tempo em que rejeitava veementemente a ideia de uma originalidade do processo de desenvolvimento capitalista russo, Pokrovsky iria propor a sua própria interpretação sobre o desenvolvimento histórico da Rússia. Em suas obras – tanto teóricas (*Teoria da Revolução Proletária*) como historiográficas (*Breve história da Rússia*) – o historiador chama atenção precisamente para o desenvolvimento do comércio da Rússia no século XVI, aproximando o desenrolar da história nesse país àquele que ocorrera na Europa Ocidental. Vinculando-se ao stalinismo a partir de 1925[42], Pokrovsky chegaria a agregar a sua análise à condenação stalinista que anatematizaria Trotsky como uma espécie de apóstata do credo bolchevique[43], registrando o implacável comentário de que "toda

---

42. Lênin havia falecido em janeiro de 1924, e seu poder foi em seguida partilhado por um triunvirato formado por Lev Kamenev (1883-1936), Grigori Zinoiev (1883-1936) e Josef Stalin (1878-1953), com plenos poderes sobre o Estado e a organização partidária. Entre os triúnviros, contudo, seria Josef Stalin – o secretário-geral do Partido que controlava a admissão e exclusão de seus militantes – quem progressivamente passou a usufruir maior autoridade. Por fim, em 1936 Kamenev e Zinojev foram executados.

43. Trotsky é expulso do Partido Bolchevique em 1927, exilando-se logo em seguida. Para uma biografia crítica abordando as três fases de relacionamento de Trotsky com o poder bolchevique, cf. Deutscher, 1984 (3 vols.).

a teoria histórica de Trotsky corrobora o veredicto negativo que o Partido pronunciou sobre o trotskismo" (BARON, 1974, p. 393).

Banido Trotsky com suas ideias, as águas não permaneceriam paradas, todavia, por muito tempo. Logo ocorreria, e não demoraria muito, um novo movimento tectônico da doutrina stalinista. Pouco tempo depois da morte de Pokrovsky, em 1932, o stalinismo promoveria novas adaptações no mundo historiográfico sob seu controle. Um totalitarismo teórico, mormente quando atrelado a necessidades políticas, sempre precisa de reajustes. Em 1936, o bloco de pedra se desloca mais uma vez, e o castelo teórico novamente se organiza. Se a *Breve história da Rússia*, escrita por Mikhail Pokrovsky (1920), que até então estivera tão bem-ajustada ao gesso doutrinário e havia atendido perfeitamente aos interesses partidários e doutrinários de alguns dos líderes bolchevistas – particularmente nos tempos da execração de Trotsky – não tardaria a que também esta leitura da história russa já não interessasse mais às novas necessidades políticas. Foi assim que novos interesses terminaram por se desenhar a partir dos desenvolvimentos posteriores dos "planos quinquenais" do governo soviético[44], uma vez que estes almejavam colocar em relevo o acentuado atraso econômico da Rússia pré-revolucionária em termos de industrialização, por contraste com as realizações promovidas pelos bolchevistas. A necessidade de uma nova leitura da realidade pré-revolucionária levaria a obra de Pokrovsky a ser condenada por Stalin em 1936[45]. Com isso, a obra desse historiador russo, que um dia repousara solenemente no altar historiográfico da doutrina bolchevique, seria radicalmente banida e passaria a ser submetida à execração partidária. A *Breve história da Rússia* precisou ser atirada aos crocodilos[46].

Outro exemplo clássico, ainda no ambiente do stalinismo, pode ser encontrado na notória imposição de Stalin, para os historiadores russos, de uma sequência obrigatória de

---

44. Os planos quinquenais iniciam-se em 1928 e estendem-se até 1989, com a desagregação soviética.

45. O episódio insere-se entre inúmeros outros ocorridos entre 1934 e 1938, período no qual ocorreu uma série de ações persecutórias que ficou conhecido como Grande Expurgo.

46. Comentários a respeito da execração póstuma do trabalho historiográfico de Pokrovsky podem ser encontrados em Fontana, 2004, p. 310.

cinco modos de produção[47]. John Barber, em *Historiadores soviéticos em crise* (1981), mostra como o ditador soviético resolvia questões historiográficas diversas a vigorosos golpes de martelo. Foi assim que o conceito de "modo de produção asiático", que até então havia sido tolerado nas estrebarias do castelo teórico do stalinismo, terminou por ser atirado em 1931 aos crocodilos[48].

---

47. A teoria das etapas necessárias e inevitáveis do desenvolvimento histórico remonta a uma obra que Engels escreveu um ano após a morte de Marx: *A origem da família e da propriedade privada e do Estado* (1884). Nessa obra, entre outros aspectos, Engels já desconsidera o conceito de "modo de produção asiático", que havia formulado conjuntamente com Marx, e categoriza as sociedades orientais como "comunidades gentílicas" que precederiam historicamente o modo de produção escravista da Antiguidade. A partir daí, começa-se a pensar em uma evolução necessária da história, o que não estava de acordo com o pensamento de Marx.

48. Ocorreram duas reuniões de orientalistas soviéticos, uma em Tiflis (1929) e outra em Leningrado (1931), como preparação para a condenação definitiva do velho conceito marxista de "modo de produção asiático". Nesse debate venceu a proposição de se considerar como "variantes asiáticas do feudalismo" uma série de sociedades orientais para as quais até então se admitia a possibilidade de serem enxergadas sob o prisma do conceito de "modo de produção asiático". A cristalização definitiva do esquema da sucessão de modos de produção – incluindo este e outros lances das novas imposições teóricas – foi registrada pelo próprio Stalin em seu livro *Materialismo dialético e materialismo his-*

De acordo com os movimentos do quadro político soviético, interesses doutrinários pareciam forçar a escrita da História em certa direção, e mesmo condenar à morte a historiografia, ou até os próprios historiadores, que não se adaptassem aos ditames político-doutrinais. Escrever História na Rússia stalinista, fora dos esquemas propugnados pelo Partido, implicava sair da História. Literalmente. Para além disso, ao destino da morte historiográfica, mesmo os mortos poderiam não escapar, do que nos dá um macabro testemunho a sumária execração póstuma do historiador Mikhail Pokrovsky.

---

tórico (1938). Quanto ao conceito de "modo de produção asiático", nos anos de 1960 reabriram-se discussões sobre o mesmo. Sobre a controvérsia do modo de produção asiático, cf. Sofri, 1977; Gebran, 1978; Cardoso, 1990.

11

Historiadores à venda: teorias que têm seu preço

Não há muita diferença entre as teorias que são moldadas em doutrinas, a golpes de marteladas, e aquelas que, tal como serpentes seduzidas por misteriosas flautas, são forçadas a dançar ao som melodioso do tilintar das moedas. Assim, para além da coerção através da violência estatal ou de outros tipos, outra forma de atuar sobre a historiografia para cooptá-la com vistas a determinadas finalidades é a da coação econômica.

Uma polêmica teórica e historiográfica que ficou bastante conhecida foi trazida por uma das grandes vagas de discussões sobre o nazismo entre os historiadores alemães. A polêmica, desencadeada em 1998, envolveu o trabalho de historiadores alemães que haviam sido contratados para escrever a história empresarial de grandes indústrias alemãs que tinham cooperado com o nazismo na época do Terceiro Reich, e até se beneficiado e enriquecido com o trabalho escravo produzido nos campos de concentração ou com a implantação de repressão ao estilo nazista contra os seus próprios trabalhadores. Temendo serem surpreendidas por processos de reparação pelo trabalho escravo ou pelas práticas repressivas e violentas, ou mesmo receando a culpabilização criminal de seus dirigentes – isto sem contar os óbvios receios relacionados às ressonâncias negativas que estes processos poderiam produzir no mercado consumidor de seus produtos –, essas empresas haviam resolvido antecipar-se ao problema contratando historiadores conceituados para escreverem a sua "história empresarial". Na verdade, o objetivo último era "limpar o seu nome" de qualquer referência à cooperação ou, pior, à inserção no próprio sistema nazista. A Volkswagen®, a Faber® e mesmo o Deutsche Bank® foram alguns destes grandes contratantes que encomendaram historiografias sintonizadas com os seus próprios interesses.

Um artigo de Michael Pinto-Duschinsky, publicado em 1998 no *Times Literary Supplement*, abalou os meios historiográficos por trazer a nu esta questão. Seu título era "Vender o passado" (1998), e sua temática central girava em torno da denúncia de historiadores que tinham aceitado o encargo de elaborar aquelas histórias empresariais manipuladas. O artigo provocou réplicas dos envolvidos, mas também uma rediscussão sobre a ética na História. Vemos aqui que as leituras teóricas da realidade histórica, e a própria pesquisa empírica a cargo dos historiadores, não estão apenas sujeitas ao encastelamento doutrinário; no mundo capitalista, muitas delas tornam-se produtos negociáveis. Não há ciência envolvida na sua construção.

Como mostram fartamente exemplos diversos no decurso da própria História – e particularmente nesta atualidade onde o poder econômico parece se fazer acompanhar da máxima de que "tudo tem seu preço" –, a historiografia e a Teoria da História enfrentam, de fato, não apenas o problema de serem vistas como objetos vendáveis, mas também a possibilidade de que os próprios historiadores possam ser vistos como passíveis de serem comprados. De igual maneira, o uso da historiografia para manipular a sociedade também deixa seus registros ao longo da História. Marc Ferro dá-nos exemplos bastante diversificados sobre *A manipulação da História no ensino e nos meios de comunicação* em uma série de ensaios interligados que foram publicados com este título em 1981.

Outras ciências humanas, ao longo da sua história, também estão repletas de exemplos de relações suspeitas entre poderes estatais ou financeiros e a construção de teorias que favoreceram seus interesses específicos. Podemos evocar o exemplo da Economia como campo de saber. Sem recuar muito no tempo, podemos lembrar as relações desse campo de saber com a impactante crise financeira de 2008 nos Estados Unidos e no mundo. Sobre isto, o célebre documentário *Inside Job* (2010), premiado pelo Oscar de 2011 e dirigido por Charles Ferguson, desvelou algumas das espúrias relações e jogos de interesses entre certos setores do mundo acadêmico e os governantes, agentes reguladores do sistema financeiro e empresas dominantes no mercado. De igual maneira, se recuarmos ao século XIX e primeira metade do século XX, também poderemos encontrar, na Antropologia e na Sociologia, teorias de evolucionismo social que foram constituídas – ou ao menos foram reapropriadas com vista a esses fins –, de modo a justificar sistemas de dominação como o escravismo moderno e o colonialismo.

12

A teoria *não* é a realidade

Discorramos sobre um penúltimo deslize contra o fluir teórico; aquele que fetichiza o próprio "teórico", terminando por estabelecer uma "confusão entre o teórico e o real" (**10**). A "teoria", instrumento e visão de mundo da qual lançamos mão para compreender a realidade ou determinado aspecto dela, é tomada pelo próprio real. Com esta distorção estamos no âmbito daquilo que Whitehead (1925) chamou de "falácia da concretude malcolocada", e que consiste em "tomar, por engano, nossas abstrações por realidades concretas"[49]. Para a História, este deslize é extremamente deformador, pois se termina por tentar submeter artificialmente, a uma abstração ou modelo inflexível, a realidade trazida pelas fontes históricas e pelas evidências. Uma teoria, no caso da História, deve

---

49. Esta falácia também é examinada por Edgar Morin em seus comentários sobre "Idealismo e racionalização" (MORIN, 1998, p. 172).

ser reajustada no decorrer da dialética que se estabelece entre o historiador e suas fontes. Não é a realidade histórica, ou o conjunto de evidências e fontes com os quais trabalha o historiador, que devem ser forçados, a todo custo, a se adaptar ao modelo teórico preestabelecido. A teoria, assim como o método, constitui um caminho que se refaz durante a própria caminhada. O modelo teórico não é o "alfa e ômega" a ser atingido, mas sim um meio para apreender e interpretar de certa maneira, e de acordo com determinada perspectiva, a realidade histórica que constitui a referência a partir da qual trabalha o historiador[50]. Ademais, devemos ter sempre em

---

50. É com vistas a destacar a diferença entre a "realidade" e o "modelo teórico" criado na pesquisa que Max Weber assim se refere aos "tipos ideais" – recurso teórico-metodológico por ele desenvolvido: "Obtém-se um tipo ideal mediante a *acentuação* unilateral *de um ou vários* pontos de vista, e mediante o encadeamento de grande quantidade de fenômenos *isoladamente* dados, difusos e discretos, que se podem dar em maior ou menor número ou mesmo faltar por completo, e que se ordenam segundo os pontos de vista unilateralmente acentuados, a fim de se formar um quadro homogêneo de *pensamento*. Torna-se impossível encontrar empiricamente na realidade esse quadro, na sua pureza conceitual, pois se trata de uma *utopia*. A atividade *historiográfica* defronta-se com a tarefa de determinar, em cada *caso particular*, a proximidade ou afastamento entre a realidade e o quadro ideal [...]. Ora, desde que cuidadosamente aplicado, esse conceito cumpre as funções específicas que dele se esperam, em benefício da investigação e da representação" (WEBER, 1904).

mente que a realidade é complexa; a teoria, ainda que procure apreender esta complexidade, não é ela mesma o "real", mas apenas a "rede" através da qual se busca capturar algo da realidade complexa[51]. O que foi dito aqui para a História, como campo de saber, pode ser estendido também à Antropologia, Sociologia, Geografia, Psicologia, ou qualquer outro campo de saber, inclusive as chamadas ciências naturais e exatas.

---

51. Etimologicamente, a palavra "complexidade" (*complexus*) remete a "entrelaçado", "trançado juntos", "torcido junto". As discussões em torno dos desenvolvimentos de uma "teoria da complexidade" remontam a meados do século XX, com um artigo de Warren Weaver intitulado "Ciência e complexidade" (1948). Antes dele, seria preciso considerar também as proposições de Gastón Bachelard, com *O novo espírito científico* (1938). Em 1962 teríamos um artigo de Herbert A. Simon que marcou sua posição no debate: "A arquitetura da complexidade" (1962). Entre outros ensaios, a complexidade dos seres vivos seria abordada por Henri Atlan em *Entre o cristal e a fumaça*, no qual se examina a criação da ordem a partir da desordem no mundo natural. Por fim, teremos a vasta obra de Edgar Morin (n. 1921), entre as quais os seis volumes de *O método* (1973-2005), o ensaio *Ciência com consciência* (1984), e a coletânea *A inteligência da complexidade* (1998). Cf. tb. Dupuy, 1982; Stengers, 1987; Prigogine e Stenger, 1988.

13

A fobia do erro

Talvez seja oportuno lembrar, neste momento final, uma derradeira trava que pode prejudicar o livre-fluir do "teórico", e que se refere ao que poderíamos chamar de "fobia do erro" (11). A esta fobia também poderíamos nos referir como a "covardia (ou inaudácia) de apenas usar a teoria mais segura". A questão também se refere ao método, e relaciona-se de alguma maneira à necessidade de considerar também a prática das "tentativas e erros". O conhecimento científico, inclusive as ciências humanas, se estas puderem de fato ser vistas segundo esta perspectiva de cientificidade, também avança a partir de tentativas, de experimentação no que concerne ao modo ver e de dizer as coisas, de aventuras em direção a novas indagações. Muito destas tentativas, experimentações e aventuras podem conduzir a erros. Mas também não há forma de conhecimento que possa avançar e se desenvolver senão a partir de erros[52]. De igual maneira, almejar o impossível, e se arriscar pelo mundo das incertezas, também são traços importantes do novo espírito científico. Existe uma frase que é atribuída a Max Weber e que diz: "O homem não teria alcançado o possível se, repetidas vezes, não tivesse tentado o impossível".

---

52. A questão é discutida por autores diversos, entre os quais Paul Feyerabend, em *Contra o método* (1975), e Edgar Morin, em *Sete saberes necessários para a educação do futuro* (2000).

Referências

ALTHUSSER, L. L'avenir dure longtemps [O futuro dura muito tempo]. In: *Le faits* – Autobiographies. Paris: Stock/Imec, 1992 [original: 1985].

_____. *Ler O capital* [Lire Le capital]. Rio de Janeiro: Zahar, 1980 [original: 1965].

_____. *A favor de Marx* [Pour Marx]. Rio de Janeiro: Zahar, 1979 [original: 1965].

ANDERSON, P. *As origens da Pós-modernidade*. Rio de Janeiro: Zahar, 1999 [original: 1998].

ASIMOV, I. The "Threat" of Creationism. *New York Times Magazine*, 14/06/1981. Apud MONTAGU, A. (org.). *Science and Creationism*. Nova York: Oxford University Press, 1984, p. 182-193.

ATLAN, H. *Entre o cristal e a fumaça* – Ensaio sobre a organização do ser vivo. Rio de Janeiro: Zahar, 1992.

BACHELARD, G. *A formação do espírito científico*. Rio de Janeiro: Contraponto, 1996 [original: Paris: Vrin, 1938].

_____. *Philosophie du non*. Paris: PUF, 1940.

BARBER, J. *Sovietic Historians in Crisis, 1928-1932*. Londres: Macmillan, 1981.

BARON, S.H. Plekhanov, Trotsky and the development of soviet historiography. *Soviet Studies*, vol. 26, n. 3, jul./1974.

BARROS, J.D'A. *Teoria da História* – Vol. 1: Princípios e conceitos fundamentais. Petrópolis: Vozes, 2011a.

_____. O conceito de alienação no jovem Marx. *Tempo Social*, vol. 23, n. 1, jan.-jun./2011b, p. 223-245 [revista da USP] [Disponível em http://ning.it/pEKN1W].

_____. *O campo da História*. Petrópolis: Vozes, 2004.

BURKE, P. *A Escola dos Annales*. São Paulo: Unesp, 1990.

CABET, E. *Voyage on Icarie*. Paris: Au Bureau du Populaire, 1842 [original: 1840].

CALLINICOS, A. *Contra o pós-modernismo*. Santiago de Compostela: Laiovento, 1995 [original: 1991].

CARDOSO, C.F. (org.). *Modo de produção asiático* – Nova visita a um velho conceito. Rio de Janeiro: Campus, 1990.

CROCE, B. *Teoria e História da Historiografia*. Bari: Gius, Laterza & Figli, 1920 [original: 1917].

DARWIN, C. *A origem das espécies*. Belo Horizonte: Vila Rica, 1994 [original: 1858].

DEUTSCHER, I. *Trotsky*. 3 vols. Rio de Janeiro: Civilização Brasileira, 1984 [1: O profeta armado – Trotsky, 1879-1920. • 2: O profeta desarmado – Trotsky, 1921-1929. • 3: O profeta banido – Trotsky, 1929-1940].

DUPUY, J.-P. *Ordres et désordres*. Paris: Du Seuil, 1982.

EAGLETON, T. *As ilusões do pós-modernismo*. Rio de Janeiro: Zahar, 1998 [original: 1996].

ENGELS, F. *A origem da família, da propriedade privada e do Estado*. Rio de Janeiro: Bertrand Brasil, 1995 [original: 1884].

FEYERABEND, P. *Contra o método*. Rio de Janeiro: Francisco Alves, 1989 [original: 1975].

FONTANA, J. *História dos homens*. Bauru: Edusc, 2004 [original: 2000].

FOUCAULT, M. *A verdade e as formas jurídicas*. Rio de Janeiro: PUC, 2003 [original: 1973].

_____. *A ordem do discurso*. São Paulo: Loyola, 1996 [original: 1970].

FREUD, S. *O inconsciente*. Rio de Janeiro: Imago, 1976 [original: 1915].

GADOTTI, M. (org.). *Paulo Freire*: uma bibliografia. São Paulo: Cortez, 1996.

GEBRAN, P. (org.). *Conceito de modo de produção*. Rio de Janeiro: Paz e Terra, 1978.

HARVEY, D. *Condição pós-moderna*: uma pesquisa sobre as origens da mudança cultural. São Paulo: Loyola, 1996 [original: 1989].

HEGEL, F. *Princípios para a Filosofia do Direito*. São Paulo: Martins Fontes, 2000 [original: 1821].

JAMESON, F. *Pós-modernismo*: a lógica cultural do capitalismo tardio. São Paulo: Ática, 2006, p. 27-79 [original: 1984].

KORSCH, K. *Marxismo e filosofia*. Porto: Afrontamento, 1977 [original: 1923].

KOSELLECK, R. *Futuro passado* – Contribuição à semântica dos tempos históricos. Rio de Janeiro: Contraponto, 2006 [original: 1979].

KUHN, T. As ciências naturais e as ciências sociais. In: *O caminho desde a estrutura*. São Paulo: Unesp, 2006, p. 265-273.

_____. *A estrutura das revoluções científicas*. São Paulo: Perspectiva, 2003a [*The Structure of Scientific Revolutions*. Chicago: University of Chicago Press, 1962].

_____. Posfácio – 1969. In: *A estrutura das revoluções científicas*. São Paulo: Perspectiva, 2003b, p. 219-260.

LABROUSSE, E. *La crise de l'économie française à la fin de l'Ancien Regime et au début de la Révolution*. Paris: PUF, 1944.

LENIN, V.I. The development of capitalism in Russia – The process of the formation of a home market for large-scale industry. In: *Collected Works*. Vol. 3. Moscou: Progress, 1965 [original: 1899].

_____. *Karl Marx* – Breve esboço biográfico, seguido de uma exposição do marxismo [original: 1914] [Disponível em http://www.dorl.pcp.pt/images/classicos/karl%20marx%20de%20lenine.pdf].

LOWY, M. Marxismo e religião: ópio do povo?" In: BORÓN, A. (org.). *A Teoria Marxista hoje*. Buenos Aires: Clacso, 2006.

LYOTARD, J.-F. *A condição pós-moderna*. Rio de Janeiro: José Olympio, 1998 [original: 1979].

MARX, K. *Crítica da Filosofia do Direito de Hegel*. São Paulo: Boitempo, 2005 [original: 1843].

_____. A origem do capital. Separata de *O capital* – Crítica da economia política. São Paulo: Centauro, 2004 [original: 1867].

MORIN, E. *Sete saberes necessários para a educação do futuro*. São Paulo: Cortez, 2001 [original: 2000].

_____. *A inteligência da complexidade*. São Paulo: Fundação Petrópolis, 2000 [original: 1999].

_____. *O método* – Vol. 4: As ideias. Porto Alegre: Sulina, 1998 [original: 1991].

_____. *Ciência com consciência*. Lisboa: Europa-América, 1984.

MOULIER-BOUTANG, Y. *Louis Althusser, une biographie*. Paris: Grasset, 1992.

NIETZSCHE, F. O Caso Wagner e Nietzsche contra Wagner. In: *Nietzsche* – O Caso Wagner. São Paulo: Escala, 2007 [original: 1888].

_____. *Ecce homo*. São Paulo: Companhia das Letras, 1995 [original: 1888].

_____. *Assim falou Zaratustra*. São Paulo: Círculo do Livro, 1983 [original: 1883-1885].

_____. *A gaia ciência*. São Paulo: Hemus, 1981 [original: 1882 [2. ed., com novo prefácio: 1886].

_____. "Sobre a verdade e a mentira no sentido extramoral". In: *Os Pensadores*. Vol. XXXII. São Paulo: Abril, 1974 [original: 1873].

PINTO-DUSCHINSKY, M. Selling the Past – The dangers of outside finance for historical research. *Times Literary Supplement*, out./1998, p. 16-23.

_____. Historians and their sponsors. *Times Literary Supplement*, dez./1998, p. 15-18.

PLEKHANOV, G. *Concepção materialista da História*. Rio de Janeiro: Paz e Terra, 1987 [original: 1901].

POKROVSKY, M.N. *Brief History of Russia*. Orono (Maine): University Prints and Reprints, 1968 [original: 1920].

PRIGOGINE, I. & STENGERS, I. *Entre le temps et l'éternité*. Paris: Fayard, 1988.

PROST, A. *Doze lições sobre a História*. São Paulo: Autêntica, 2008 [original: 1996].

RAFFESTIN, C. *Por uma geografia do poder*. São Paulo: Ática, 1993.

SAGAN, C. *O mundo assombrado por demônios*. São Paulo: Companhia das Letras, 2006 [original: 1995].

SARTRE, J.-P. *Crítica da razão dialética*. Rio de Janeiro: DP&A, 2002 [original: 1960].

SIMON, H.A. A arquitetura da complexidade. In: *Proceedings of the American Philosophical Society*, vol. 106, n. 6, 12/12/1962, p. 467-482 [Disponível em http://ecoplexity.org/files/uploads/Simon.pdf].

SOFRI, G. *Modo de produção asiático*: História de uma controvérsia marxista. Rio de Janeiro: Paz e Terra, 1977.

SOUZA, M.J.L. O território: sobre espaço e poder – Autonomia e desenvolvimento. In: CASTRO, I.E.; GOMES, P.C.C. & CORRÊA, R.L. (orgs.). *Geografia*: conceitos e temas. Rio de Janeiro: Bertrand Brasil, 2001, p. 77-116.

STALIN, J. *Materialismo dialético e materialismo histórico*. São Paulo: Global, 1982 [original: 1938].

STENGERS, I. Compléxité: effet de mode ou problème? In: STENGERS, I. (org.). *D'une science à l'autre*: des concepts nomades. Paris: Seuil, 1987, p. 331-351.

THOMPSON, E.P. Folclore, antropologia e história social. In: *As peculiaridades dos ingleses e outros artigos*. Campinas: Unicamp, 2001 [original: 1977].

_____. *Miséria da teoria ou um planetário de erros* – Uma crítica ao pensamento de Althusser. Rio de Janeiro: Zahar, 1981 [original: 1978].

TROTSKY, L. *1905 suivi de Bilan et perspectives*. Paris: Minuit, 1969.

VEYNE, P. A história conceitual. In NORA, P. & LE GOFF, J. (orgs.). *História*: novos problemas. Rio de Janeiro: Francisco Alves, 1988, p. 64-88 [original: 1974].

VILAR, P. Histoire marxiste, histoire em construction – Essai de dialogue avec Althusser. *Annales ESC*, n. 1, 1973, p. 165-198.

WEBER, M. *A objetividade do conhecimento nas Ciências Sociais*. São Paulo: Ática, 2006 [original: 1904].

WHITEHEAD, A.N. *Science and the Modern World*. Cambridge: Cambridge University Press, 1926 [original: 1925].

WILLIAMS, R. *Marxism and Literature*. Londres: Oxford University Press, 1977 [original: 1971].

Índice remissivo

Acumulação primitiva 25n., 32n., 69
Alienação 23s.
Anacronismo 51-53, 55n.

Complexidade 65, 83
Comunismo 24n.
Conceitos 7, 12, 20, 22s., 25, 29, 34, 36, 47, 49, 51n., 53-55, 57, 59, 64
Consequências adversas 41, 43
Criacionismo 41
Crise dos Paradigmas 14n.
Crítica do conhecimento 28n.

Dialética 22, 24, 82
Disciplina 8s., 63, 66
Divisão do trabalho 25n.
Dogma 16, 31, 65s.
Doutrina 16, 24n., 26, 30, 31n., 49, 63, 64n., 65-68, 71, 73s., 77

Ecletismo 15
Erro 51s., 85

Ideologia 22, 24
Imiscibilidade 20, 45
Interdisciplinaridade 61

Materialismo histórico 29, 35, 41-44, 75n.
Método 21, 56, 82, 85
Modo de produção 23, 54, 75, 76n.

Nazismo 77

Paradigma 7, 11-16, 21, 35, 42, 43n., 48n.
Pós-modernismo 14
Práxis 22, 23n., 24, 43n.

Real 17n., 81, 83

Socialismo 24n., 29, 43, 70
Stalinismo 72-75

Teoria 16s., 21, 30, 36, 41, 43, 49, 61, 63s., 65n., 66s., 75n., 81s., 85

Venda de historiadores (querela da) 77-79

Índice onomástico

Althusser, L. 34-36
Anderson, P. 14n.
Aristóteles 23
Asimov, I. 29n.

Bachelard, G. 15, 83n.
Blanqui, L.A. 24
Bloch, M. 39, 40n.
Burke, P. 40n.

Cabet, E. 24n.
Callinicos, A. 14n.
Croce, B. 55

Darwin, C. 29n., 41

Eagleton, T. 14n.
Engels, F. 24-26, 29, 63n., 75n.

Febvre, L. 39, 40n.
Ferro, M. 79
Feuerbach, L. 22s., 42n.
Feyerabend, P. 15, 21n., 45, 62n., 86n.

Fontana, J. 31n., 74n.
Foucault, M. 20, 28n., 66
Fourier, C. 24
Freire, P. 43
Freud, S. 29

Guizot, F. 22

Harvey, D. 14n.
Hegel, F. 23
Hitler, A. 38

Jameson, F. 14n.

Korsch, K. 31n.
Koselleck, R. 48n., 53
Kuhn, T. 11n.

Le Goff 51
Lênin, V.I. 31n., 63, 69, 70n., 71s.
Lévi-Strauss 34
Lyotard, J.-F. 14n.

Malthus, T. 26
Marx, K. 21-26, 27n., 29, 31n., 34-36, 41s., 48n., 63n., 69, 75n.
Morin, E. 17n., 31n., 64n., 66n., 67n., 81n., 83n., 86n.

Nietzsche, F. 27s., 47s.
Nora, P. 51n.

Owen, R. 24

Pinto-Duschinsky, M. 78
Plekhanov, G. 31n., 70s.
Pokrovsky, M. 71-74, 76

Ricardo, D. 25

Saint-Simon 24
Smith, A. 24s.
Stalin, J. 72n., 74, 75n.

Thierry, A. 22
Thompson, E.P. 35, 48n.
Tracy, D. 22
Trotsky, L. 70-73

Veyne, P. 51n.
Vilar, P. 35

Wagner, R. 28, 38
Weber, M. 82n., 86
Whitehead 81
Williams, R. 48n.

CATEQUÉTICO PASTORAL

Catequese – Pastoral
Ensino religioso

CULTURAL

Administração – Antropologia – Biografias
Comunicação – Dinâmicas e Jogos
Ecologia e Meio Ambiente – Educação e Pedagogia
Filosofia – História – Letras e Literatura
Obras de referência – Política – Psicologia
Saúde e Nutrição – Serviço Social e Trabalho
Sociologia

TEOLÓGICO ESPIRITUAL

Biografias – Devocionários – Espiritualidade e Mística
Espiritualidade Mariana – Franciscanismo
Autoconhecimento – Liturgia – Obras de referência
Sagrada Escritura e Livros Apócrifos – Teologia

REVISTAS

Concilium – Estudos Bíblicos
Grande Sinal
REB – SEDOC

PRODUTOS SAZONAIS

Folhinha do Sagrado Coração de Jesus
Calendário de mesa do Sagrado Coração de Jesus
Agenda do Sagrado Coração de Jesus
Almanaque Santo Antônio – Agendinha
Diário Vozes – Meditações para o dia a dia
Encontro diário com Deus
Guia Litúrgico

VOZES NOBILIS

Uma linha editorial especial, com importantes autores, alto valor agregado e qualidade superior.

VOZES DE BOLSO

Obras clássicas de Ciências Humanas em formato de bolso.

CADASTRE-SE
www.vozes.com.br

EDITORA VOZES LTDA.
Rua Frei Luís, 100 – Centro – Cep 25689-900 – Petrópolis, RJ
Tel.: (24) 2233-9000 – Fax: (24) 2231-4676 – E-mail: vendas@vozes.com.br

UNIDADES NO BRASIL: Belo Horizonte, MG – Brasília, DF – Campinas, SP – Cuiabá, MT
Curitiba, PR – Fortaleza, CE – Goiânia, GO – Juiz de Fora, MG
Manaus, AM – Petrópolis, RJ – Porto Alegre, RS – Recife, PE – Rio de Janeiro, RJ
Salvador, BA – São Paulo, SP